LE GUIDE DES GASCONS

OU

DICTIONNAIRE PATOIS-FRANÇAIS

COMPRENANT

UN RECUEIL DES GASCONISMES CORRIGÉS

AVEC DES REMARQUES CLAIRES QUI FACILITERONT AU LECTEUR CERTAINS
ÉNONCÉS QUI POURRAIENT LUI PARAÎTRE ÉQUIVOQUES;

UN TRAITÉ PRATIQUE D'AGRICULTURE;

DE PLUS, D'EXCELLENTES LEÇONS DE MORALE, EN VERS ET EN PROSE,

AYANT POUR OBJET

DE PERFECTIONNER L'HOMME, — DE LUI APPRENDRE SES DEVOIRS ENVERS
SON CRÉATEUR, L'HONNÊTETÉ ENVERS SES SEMBLABLES,
L'AMOUR ENVERS SA PATRIE.

Par MM. S.-M. et J. D.

PARIS

GARNIER FRÈRES, ÉDITEURS, RUE DE SEINE, 6

TARBES

CHEZ LES PRINCIPAUX LIBRAIRES.

— 1858

LE GUIDE DES GASCONS

TARBES, TYPOGRAPHIE PERROT-PRAT.

LE
GUIDE DES GASCONS

OU

DICTIONNAIRE PATOIS-FRANÇAIS

COMPRENANT

UN RECUEIL DES GASCONISMES CORRIGÉS

AVEC DES REMARQUES CLAIRES QUI FACILITERONT AU LECTEUR CERTAINS
ÉNONCÉS QUI POURRAIENT LUI PARAÎTRE ÉQUIVOQUES ;

UN TRAITÉ PRATIQUE D'AGRICULTURE ;

DE PLUS, D'EXCELLENTES LEÇONS DE MORALE, EN VERS ET EN PROSE,

AYANT POUR OBJET

DE PERFECTIONNER L'HOMME, — DE LUI APPRENDRE SES DEVOIRS ENVERS
SON CRÉATEUR, L'HONNÊTETÉ ENVERS SES SEMBLABLES,
L'AMOUR ENVERS SA PATRIE.

Par MM. S.-M. et J. D.

PARIS

GARNIER FRÈRES, ÉDITEURS, RUE DE SEINE, 6,

TARBES

CHEZ LES PRINCIPAUX LIBRAIRES

—1858—

EN publiant ce livre, je ne me propose pas d'enseigner aux Gascons les beautés de la langue française, je laisse ce soin à ceux dont l'intelligence développée peut s'élever dans les régions supérieures de la science. Je veux seulement rendre mes lecteurs attentifs à des gasconismes qui ne leur sont que trop familiers, et dont il leur est important qu'ils se corrigent, s'ils veulent éviter ces petites humiliations dont il est toujours désagréable d'être l'objet.

Un des bons effets de ce livre sera principalement de réveiller l'attention contre les gasconis-mes ; et tel, sur qui ils ne faisaient aucune sensation, quelque considérables et quelque nombreux qu'ils fussent, sera réveillé dès qu'il en entendra quelqu'un. J'en ai vu qui étaient distraits sur les fautes qu'ils faisaient et sur celles qu'on faisait devant eux ; ils n'y donnaient pas la plus légère attention, et je les ai vus, après avoir lu les gasconismes corrigés, aussi prompts que moi à re-marquer et à reprendre les gasconismes : il ne leur en échappait aucun.

En ajoutant à mon premier travail un dictionnaire patois-français, je n'ai eu d'autre intention que de faciliter aux habitants des contrées méridionales de la France la connaissance des nombreuses expressions et des milliers de termes en usage dans la langue française, expressions dont la connaissance leur est souvent nécessaire et qu'ils ne peuvent trouver qu'à force de temps et de recherches ; mon dictionnaire leur sera donc d'un grand avantage, puisqu'ils y trouveront, classés par ordre, tous les termes les plus usités avec des explications et des développements qu'on ne trouve pas d'ordinaire dans les dictionnaires de ce genre.

Mais en offrant à mes lecteurs le moyen d'avancer et de se perfectionner dans la connaissance de la science, j'ai cru devoir aussi leur donner un moyen facile d'avancer et de se perfectionner dans la connaissance de la religion et de la morale. Quoi de plus beau, en effet, qu'un homme qui, non-seulement, possède la science humaine, mais encore qui connaît bien sa religion et qui la pratique ! Voilà la véritable science, voilà le vrai savant, tous les autres ne le sont que de nom.

C'est donc dans le but de faire fructifier les connaissances humaines dans ceux qui liront mon ouvrage, que j'ai recueilli le noyau des plus belles maximes de morale. Plusieurs y trouveront la règle qu'ils doivent suivre pour se bien conduire dans le monde ; mon livre apprendra à tout homme ses devoirs envers Dieu, envers lui-même et envers ses semblables, l'amour envers sa patrie.

Tel est le couronnement que je donne à mon ouvrage. Puisse-t-il opérer de bons fruits en tous ceux qui le liront !

LES

GASCONISMES CORRIGÉS *

A supprimé.

Bien des gens suppriment un *à* dans les occasions que voici :

Nous manquâmes notre devoir.	Nous manquâmes *à* notre devoir.
Nous faillîmes nous y méprendre.	Nous faillîmes *à* nous y méprendre.

On peut dire aussi : Nous manquâmes *de*, nous faillîmes *de*.

Cet enfant aime faire sa volonté.	Aime *à* faire sa volonté.
Je coupe pique; il a coupé cœur.	Je coupe *à* pique; il a coupé *à* cœur.
Je vous défends de toucher cet argent.	De toucher *à* cet argent.

REMARQUE : Quand *toucher* signifie manier, remuer, on dit : toucher quelque chose; mais quand il signifie ôter, enlever, on dit : toucher *à* quelque chose.

J'ai acheté cela bon marché.	J'ai acheté cela *à* bon marché.
Cet homme ne pardonne personne.	Cet homme ne pardonne *à* personne.

A de trop.

REMARQUE : Il y a des gens qui ajoutent un *à* quand il ne faut pas, et qui disent : Reste *à* tant. Par exemple, ils disent : Je vous devais une pistole, je vous donne six francs, reste *à* quatre francs. Cet *à* est

---

* La colonne de droite marquera toujours les corrections.

de trop. Boileau dit : Cinq et quatre font neuf ; ôtez deux, reste sept. Il n'y a pas là reste *à* sept.

On sonne *à* feu.	On sonne au feu.
On sonne *à* mort.	On sonne pour un mort.
Notre chienne a mis *à* bas.	Notre chienne a mis bas.
Mettre *à* sécher du linge.	Mettre sécher du linge.

A pour **Dans**.

Il était *à* la rue quand je l'ai rencontré.	Il était *dans* la rue quand je l'ai rencontré

Être *à* la rue, c'est être sans maison et sans logement.

Monsieur un tel qui demeure *à* la rue Boulbonne.	*Dans* la rue Boulbonne.
Qui demeure *à* la grand'rue.	*Dans* la grand'rue.

Voici une manière de parler très familière aux Gascons :

Il prit tous ses papiers et se les mit *à* la poche.	Et les mit *dans* sa poche.
Avez-vous votre mouchoir à la poche ?	Avez-vous un mouchoir dans votre poche

Remarque : *A la poche,* pour *dans la poche,* vrai gasconisme. *A la poche* dit toujours quelque chose d'extérieur à la poche même. Exemple : On met trois ou quatre boutons *à la poche* d'un habit. *Dans la poche* exprime, au contraire, l'intérieur de la poche. Ainsi, on met son argent *dans sa* poche, et non pas *à la* poche.

A pour **De.**

Voici un gasconisme très-commun :

Auriez-vous le livre *à* Monsieur un tel ?	Le livre *de* Monsieur un tel.
C'est le carrosse *à* Monsieur un tel qui passe.	C'est le carrosse *de* Monsieur un tel qui passe.
Je suis l'aîné *à* mon frère.	Je suis l'aîné *de* mon frère.
Vous arrivez *à* bonne heure.	Vous arrivez *de* bonne heure.
Monsieur un tel souhaite *à* vous parler.	Souhaite *de* vous parler, souhaite vous parler, ou demande à vous parler.

A pour Est.

| Peu s'en *a* fallu. | Peu s'en *est* fallu. |

Accouches pour Couches.

| Elle acheta un bel ameublement pour ses premières *accouches*. | Pour ses premières *couches*. |
| Ma cousine *s'est accouchée*. | Ma cousine *est accouchée*. |

Le verbe *accoucher* n'est point réfléchi.

Accoutumé.

On dit avec l'auxiliaire être : Il *était* accoutumé à déjeûner tous les matins ; on dit avec l'auxiliaire avoir : Il *avait* accoutumé de déjeuner tous les matins. Cette différence n'était pas sentie par quelqu'un qui écrivit et fit afficher partout : « Le prix de cette denrée sera le même que celui qu'on *était* accoutumé de payer. » Il fallait mettre : qu'on *avait* accoutumé de payer.

Afferme pour Ferme.

Les Gascons disent :

Je tiens *une afferme*.	Je tiens *une ferme*.
J'ai ce bien *en afferme*.	J'ai ce bien *à ferme*.
J'ai pris ce bien *en afferme*.	J'ai pris ce bien *à ferme*.

Aller.

Le verbe *aller* a deux participes. On dit : Il *est allé* et Il *a été*, mais dans différentes significations. Il *est allé* à Paris, veut dire qu'il y est encore, ou sur le chemin. Il *a été* à Paris, veut dire qu'il a fait le voyage de Paris et qu'il en est revenu. Donc c'est une faute de dire :

| Monsieur un tel *est-il* jamais *allé* à Paris ? | A-t-il jamais *été* à Paris ? |
| *Je suis allé* chez vous ce matin. | *J'ai été* chez vous ce matin. |

Tu es allé chez lui ce matin.	*Tu as été* chez lui ce matin ?
Je suis été chez vous ce matin.	*J'ai été* chez vous ce matin.
Je suis été malade tout aujourd'hui.	*J'ai été* malade.
Nous sommes été chez vous.	*Nous avons été* chez vous.

S'en aller pour Aller.

Cela *s'en va* sans dire.	Cela *va* sans se dire.
Il *s'en va* mourir.	Il *va* mourir. il se meurt.

Aller chercher pour Aller quérir.

Allez *chercher* du pain chez le boulanger	Allez *quérir*.

Amasser et Ramasser.

Amassez cette épingle qui est à terre.	*Ramassez* cette épingle.
Ramassez ces ordures avec votre balai.	*Amassez* ces ordures.

REMARQUE. *Ramasser* signifie relever de terre ce qui est tombé ; et *amasser*, faire un amas.

Les Gascons disent encore :

Je bois *du* bon vin.	Je bois *de* bon vin.
Voilà *de la* bonne marchandise.	Voilà *de* bonne marchandise.
Donnez-moi *de la* bonne laine.	*De* bonne laine.
A *du* bon pain et à *de la* bonne viande, il ne faut ajouter que *du* bon vin.	A *de* bon pain, et à *de* bonne viande, il ne faut ajouter que *de* bon vin.
Cet arbre n'a jamais porté *du* fruit.	Porté *de* fruit.

Bien.

Il ne fait *du* bien à personne.	*De* bien à personne.
Aucun de vous ne m'a fait *du* bien.	Ne m'a fait *de* bien.

Avec pour De ou Par.

J'arriverai là *avec* un temps affreux.	*Par* un temps affreux.
Vous y arriverez *avec* la nuit.	*De* nuit.
J'arriverai là *avec* le jour.	*A la pointe du* jour.

B pour P.

Je veux tri*b*ler mon bien.	Je veux tri*p*ler mon bien.
Le peu*b*le, peu*b*ler, peu*b*lier.	Le peu*p*le, peu*p*ler, peu*p*lier.
Le quadru*b*le.	Le quadru*p*le.

Bâtisse pour Maison, Bâtiment.

Voilà une belle *bâtisse*.	Voilà une belle *maison*, un beau *bâtiment*.

Bâtisse ne s'entend que de la partie de la maçonnerie.

Bénédiction pour Salut.

On dit à Toulouse : Aller à la *bénédiction ;* mais à Paris on dit : Aller *au salut*.

Les Gascons témoignent même de la surprise quand ils entendent un Parisien dire qu'il va *au salut*.

On peut bien dire : Je vais *recevoir la bénédiction ;* mais non point : Je vais *à la bénédiction*.

Béni, Bénie, Bénit, Bénite.

Les deux premiers se disent de la bénédiction de Dieu. Exemple : La sainte Vierge est *bénie* entre toutes les femmes. Les armées *bénies* de Dieu sont toujours heureuses. Un peuple *béni* de Dieu.

Les seconds se disent de la bénédiction des prêtres. Exemples : Cierge *bénit*, un pain *bénit*, eau *bénite*.

Bien, mal placé.

On entend quelquefois : *Bien s'en faut ;* mais il faut dire : *Il s'en faut bien.* Celui-ci est français, l'autre ne l'est pas.

Faire au billard pour Jouer au billard.

Vous *faites* souvent *au billard.* | Vous *jouez* souvent *au billard.*

On doit se servir du verbe *jouer* pour toute sorte de jeux, et jamais de *faire.*

Le bois d'une cloche pour Mouton.

Mouton, substantif masculin, grosse pièce de bois dans laquelle sont engagées les anses d'une cloche pour la tenir suspendue.

Borde pour Métairie.

Il y a dans cette *borde* de vastes prairies. | Dans cette *métairie.*
Ce *bordier* a relevé ses guérets. | Ce *métayer* a relevé ses guérets.

Brottes ou Brouttons pour Brocoli.

Brocoli, substantif masculin, petit rejeton que pousse le chou après l'hiver.

On a porté bien des *brottes* ou *broutons.* | Bien de *brocoli.*

Buscailles pour Bûchettes.

Bûchettes, substantif féminin, menu bois que les pauvres gens vont ramasser dans les bois ou forêts.

Ramasser des *buscailles.* | Ramasser des *bûchettes.*

Cabesseau pour Tortillon.

Tortillon, torchon tortillé en rond que l'on met sur la tête pour n'être pas incommodé du fardeau que l'on met dessus.

Votre *cabesseau* est perdu. | Votre *tortillon* est perdu.

Canavière pour Roseau ou Canne.

Cette *canavière* est d'un seul jet ; c'est-à-dire sans nœud. | Cette *canne* ou *roseau* est d'un seul jet.

Cancet d'une charrette pour Ridelle.

Ridelle, substantif féminin, pièce de bois qui règne sur le haut et tout le long du charriot, au travers de laquelle passent les épars et les roulons.

Les *cancets* de notre charrette sont rompus. | Les *ridelles* sont rompues.

Cassadé pour Chassoir.

Chassoir, substantif masculin, morceau de bois qu'on pose sur le cerceau, et qu'on frappe avec le maillet pour chasser le cerceau quand on lie les futailles.

Le tonnelier a oublié son *cassadé*. | Son *chassoir*.

Consulte pour Consultation.

Bien des gens disent : J'ai fait faire une *consulte* par des avocats ; mais il faut dire : une *consultation*. *Consulte* n'est point français.

Un grammairien (Ménage) a prétendu qu'on disait une *consulte* de médecins ; mais son sentiment n'a pas été suivi.

Contenir pour Tenir.

Tous ces fruits ne *contiendront* pas dans la corbeille.	Ne *tiendront* pas dans la corbeille.
Vous ne pourrez faire *contenir* ces meubles dans cette petite chambre.	Faire *tenir.*

Mais si le lieu, la corbeille, etc., devenaient le nominatif du verbe alors on dirait : Cette corbeille ne *contiendra* pas tous ces fruits ; cette chambre ne *contiendra* pas tant de meubles.

Cris de certains animaux dont la connaissance sera utile à plus d'un Gascon.

Les abeilles *bourdonnent.*
Les agneaux, brebis et chèvres *bêlent.*
Les aigles, grues et renards *glapissent.*
On dit encore : l'aigle et la grue *trompettent.*
Les ânes et les mulets *braient.*
Les cerfs *brament.*
On dit encore : les cerfs et daims *râlent* lorsqu'ils sont en rut.
Les chevaux *hennissent.*
On dit aussi : les mules et mulets *hennissent.*

Les bœufs, buffles, taureaux et vaches *mugissent.*
On dit encore, qu'ils *beuglent* et *meuglent.*
Les cailles *margottent.* — *Margotter,* verbe neutre, exprime un certain cri enroué que font les cailles avant que de chanter.
Les chats *miaulent.*
Les chiens *aboient.* Les chiens *aboient* aux voleurs, contre les passants, après tout le monde.

On dit encore : Les chiens *jappent,* lorsqu'ils crient, sans sujet, au moindre bruit. *Japper,* verbe neutre, se dit plus ordinairement du cri des petits chiens. Enfin, on dit : Les chiens *hurlent,* lorsqu'ils sentent le loup, une chienne chaude qu'ils ne peuvent joindre, ou que la rage les prend.

Les cigales *chantent* et *claquettent*.

Les cigognes *claquettent*, ou mieux, *craquettent*.

Les cochons et pourceaux *grognent*.

Les corbeaux et corneilles *croassent*.

On dit plus souvent : Les corneilles *crient*.

Les grenouilles *coassent*.

Les lapins *clapissent*.

Les lions *rugissent*.

Les loups, ours et tigres *hurlent*.

Les moineaux *pépient*.

Les rats ont une voix *guiorante*.

Les serpents *sifflent*.

Les oies, les poules ordinaires *piaillent*.

Les poules d'Inde et leurs petits *piaulent*.

Les oiseaux *chantent*, *gazouillent*, *ramagent*.

Les paons *braillent* ou *criaillent*.

Les geais, les pies et les perroquets *jasent*.

Les pigeons *roucoulent*.

Les perdrix et les poules qui appellent leurs poussins ou qui veulent couver, *gloussent*.

Les poules *clossent*. Ce mot exprime leur cri naturel.

Le cri de l'éléphant, du rhinocéros s'exprime par *baret*.

D de trop.

Je suis tout *d*éreinté.

Une dame comme vous, *d*écosser des pois.

Dégrenez-moi cet épi.

Je suis tout éreinté.

Ecosser des pois.

Egrenez-moi cet épi.

De déplacé.

Vous venez trop *de* bonne heure.

Vous venez fort *de* bonne heure.

Vous venez *de* trop bonne heure.

Vous venez *de* fort bonne heure.

De supprimé.

Faites venir quelqu'un plus.

J'ai trouvé chez vous votre valet et personne plus.

Quelqu'un *de* plus.

Et personne *de* plus.

Personne plus n'est-il venu ?	N'est-il venu personne *de* plus ?
Vous aviez avec vous un tel et un tel, et qui plus ?	Et qui *de* plus ?
Il y avait donc à votre dîner ceci, cela, et quoi plus ?	Et quoi *de* plus ?

OBSERVATION : Les Gascons suppriment encore le *de* entre rien et plus. Écoutons-les dans les phrases suivantes :

Nous avions à notre dîner des œufs et rien plus.	Et rien *de* plus.
Je n'ai rien plus à vous donner.	Rien *de* plus à vous donner.
N'avez-vous rien plus à faire ?	Rien *de* plus à faire.

Un père faisait expliquer du latin à son fils. Il se trouva *Quid prœtereà!* L'enfant demeura court. Le père expliqua et dit : *Quoi plus? Que fit-il plus?* pour : Quoi *de* plus? Que fit-il *de* plus?

On dit bien : J'ai tout perdu, je n'ai plus rien; mais le sens n'est plus le même.

De de trop.

Il est étonnant dans combien d'occasions on met un *de* de trop :

1° Je me rappelle *de* tout ce que je fis hier.	Je me rappelle tout ce que je fis hier.
Oui, je m'*en* rappelle.	Oui, je me *le* rappelle.
Ce sont des circonstances *dont* je me rappelle bien.	*Que* je me rappelle bien.

REMARQUE : On dit bien se souvenir *de* quelque chose, mais on ne peut pas dire se rappeler *de* quelque chose; il faut dire rappeler ou se rappeler quelque chose.

| 2° Il ne s'en faut *de* rien que je ne parte malgré la pluie. | Il ne s'en faut rien. |
| 3° On l'a condamné à l'amende, on ne pouvait faire *de* moins. | On ne pouvait faire moins. |

4º On ne doit pas dire : Il fait plus *de* chaud, plus *de* froid; mais : Plus chaud, plus froid.

5º Les phrases suivantes, quoique fort usitées à Toulouse, sont toutes mauvaises.

Ma robe est toute *de taches;* ma robe est toute taches.	Ma robe est toute *tachée.*
Prenez garde, vous vous *mettez tout* de boue.	Vous vous remplissez, vous vous couvrez de boue.
6º D'une fois que vous l'aurez vu, vous l'aimerez.	Une fois que vous l'aurez vu, vous l'aimerez.
7º Cette demoiselle touche fort bien *de* l'orgue.	Touche fort bien l'orgue.

De pour A.

1º J'ai acheté six tasses *de* café.	Six tasses *à* café.

REMARQUE : A s'emploie pour désigner ce qu'une chose est propre à contenir; comme pot *à* confitures, pot *à* l'eau.

2º Il n'a tenu *de* rien que je ne les chassasse.	Il n'a tenu *à* rien, etc.
3º Grâce à Dieu je me porte *de* merveille	Je me porte *à* merveille.

De pour En.

1º *De fait,* qui aurait cru cela ?	*En effet,* qui aurait cru cela ?
Et *de fait,* je ne m'en suis pas aperçu.	Et *en effet,* je ne m'en suis pas aperçu.
2º Un tel est tombé *d*'apoplexie.	Est tombé *en* apoplexie.
Un tel est tombé *de* paralysie.	Est tombé *en* paralysie.

De pour Le.

Il fait *de* son homme d'importance.	Il fait *l'*homme d'importance.
Il fait *de* son petit maître.	Il fait *le* petit maître.

OBSERVATION : Ce qui donne peut-être lieu à cette faute, c'est qu'on dit bien : Il tranche *de* l'écuyer, il tranche *de* l'homme d'importance.

De... en pour A.

Les galériens sont enchaînés *de* deux *en* deux.	Sont enchaînés deux *à* deux.
Les écoliers vont à la messe *de* deux *en* deux.	Vont à la messe deux *à* deux.
Cet enfant saute les degrés *de* quatre *en* quatre.	Saute les degrés quatre *à* quatre.

Ce qui fait qu'on tombe dans cette faute, c'est qu'il y a des occasions où l'on dit bien *de... en*. Les voici :

Cet enfant saute les degrés quatre à quatre et s'arrête *de* cinq *en* cinq.

Les galériens sont enchaînés deux à deux, et *de* dix *en* dix, un côme veille sur eux.

Les écoliers vont à la messe deux à deux, et *de* vingt *en* vingt; un maître de quartier fait garder l'ordre.

De main et A la main de trop.

On dit bien, ceci a été écrit *à la main;* mais on ne doit pas dire : Mon fils ne sait pas encore lire l'écriture *de main;* il faut seulement dire : Mon fils ne sait pas encore lire l'écriture.

Demeurer.

Lorsque *demeurer* signifie habiter, il se conjugue avec *avoir*. Exemple : J'*ai* demeuré dix ans à Paris.

Mais lorsque *demeurer* signifie rester, être de reste, il faut conjuguer ce verbe avec l'auxiliaire *être*. Ainsi on fait des fautes quand on dit :

Mes objections *ont demeuré* sans réponse.	*Sont demeurées* sans réponse.
Il a tout vendu, il ne lui *a* rien *demeuré*	Il ne lui *est* rien *demeuré*.

Il *a demeuré* quatre mille hommes sur la place.

Il *est demeuré.*

Cet ouvrage *a demeuré* imparfait.

Est demeuré imparfait.

A cette nouvelle il *a demeuré* immobile

Il *est demeuré* immobile.

REMARQUE : *Demeurer* et *rester* quand ils se conjuguent avec *être*, ont le même sens et peuvent se mettre l'un pour l'autre.

Demeurer pour Etre ou Servir.

Servir, verbe actif; être à un maître comme son domestique.

Ambroise *a demeuré* chez nous dix ans domestique, c'est une faute! Il faut dire : Ambroise *a été notre* domestique, ou *nous a servis* dix ans!

Dépiquer pour Battre ou Fouler.

Si l'on se sert de bœufs ou de chevaux pour égrener le blé, il faut dire *fouler ;* si on se sert du fléau, on doit dire *battre* le blé, et non pas *dépiquer,* qui n'est qu'un pur gasconisme.

Dessus pour Sur.

Il accourut à moi et *me* sauta *dessus.*

Il accourut et sauta *sur moi.*

Avez-vous peur que la maison ne *vous* tombe *dessus.*

Ne tombe *sur vous.*

Vous *me* crachez *dessus.*

Vous crachez *sur moi.*

Prenez garde à cet enfant, vous *lui* marchez *dessus.*

Vous marchez *sur lui.*

Le gasconisme dont il est ici question ne se trouve pas dans les phrases suivantes : On lui fit son lit, il s'y jeta aussitôt *dessus.* Ce plancher est propre, il n'y faut pas jeter de l'eau *dessus.* Si cet endroit est mouillé, c'est qu'il pleut *dessus.*

E de **Trop**.

I.

Lorsqu'un mot commence par un *S*, la plupart des gascons mettent un *E* avant ce *S*, et disent :

Un escapulaire.	Un scapulaire.
Un escorpion.	Un scorpion.
Un estratagème.	Un stratagème.
Des espectacles.	Des spectacles.
Des estatues.	Des statues.
Des estatuaires.	Des statuaires.

Mille gens, en temps de jubilé, disent : J'ai fait mes *estations :* Il faut dire *stations*.

On parlait un jour dans une compagnie, de théâtre et de sculpture. Un médecin disait toujours *esculpture*, les *espectacles*, les *estatues;* ce qui donna lieu à un rieur de dire, lorsque le médecin fut sorti : Je plains fort ce pauvre Monsieur qui promène depuis maintes années ses *espectacles* et ses *estatues* par toutes les maisons de la ville.

Molière connaissait ce gasconisme; car, introduisant sur la scène un gascon, il lui fit dire : Je suis *escandalisé*.

II.

Apportez des *écopeaux*.	Des *copeaux*.
Jetez des *écopeaux* dans le feu.	Des *copeaux*.

Un homme de lettre qui lut cette remarque dans mon manuscrit, écrivit au bas de la page : Grand merci de votre remarque. Je croyais qu'on disait *coupeaux* et non *copeaux*. Il y a en effet des gens qui disent *coupeaux*, ce qui est mal.

III.

Quelques-uns disent : *étenailles*, *épincettes*, pour *tenailles*, *pincettes*.

IV.

Des pleumes.	Des plumes.
La forteune.	La fortune.
La leune.	La lune.
Des preunes.	Des prunes.
Cela est seur.	Cela est sûr.
Beuvons, beuvez.	Buvons, buvez.

E pour A.

I.

Repetasser pour *Rapetasser*.

Ce mauvais tailleur ne fait autre chose que *repetasser*.	Que *rapetasser*.

Il y en a même qui suppriment la première syllabe, et qui disent *petasser*.

II.

Thérèze en ce malheur perdit la *tramontane*.

Ce vers est une leçon pour beaucoup de gens qui disent la *trémontane*.

III.

Le bois de la vigne ne s'appelle pas *serment*, des *sermens*, mais *sarmant*, des *sarmans*. *Serment* est une affirmation en justice, et se prend aussi quelquefois pour *jurement*.

IV.

La plupart prononcent mal les mots suivants ; ils disent :

Parepluie.	Parapluie.
Parevent.	Paravent.
Paresol.	Parasol.
Contrevention.	Contravention.

Eau bénitier pour Bénitier.

On reprochait autrefois à des filles dévotes de ne jamais prendre de l'eau bénite. Un célèbre avocat, qui les défendait, dit dans son mémoire : Il est pourtant vrai qu'il y avait partout dans leurs maisons des *eau-bénitiers*. Il avait pris ce mot dans les conversations ; il l'avait dit ensuite ; puis il l'écrivit sans défiance.

Écorce verte des noix pour Brou ou Écale des noix.

L'écorce verte des noix sert à différents usages selon qu'elle est préparée.	Le *brou* ou *l'écale* des noix.

Oter l'Écale verte des noix, pour, Écaler des noix.

Écaler, verbe actif ; ôter l'écale.

Vous ôtez l'écorce verte des noix.	Vous écalez des noix.

Ce verbe est aussi réfléchi. Les pois s'écalent quand ils ont bouilli.

Écuelle à couler du lait pour Couloir.

Couloir, substantif masculin ; écuelle ordinairement faite de bois, qui, au lieu de fond, a une pièce de linge par où on coule le lait en le tirant.

Approchez l'*écuelle* à couler du lait.	Approchez le *couloir*.

Embrasement d'une porte ou d'une croisée, pour

Ébrasement ou Embrasure.

Ébrasement, substantif masculin ; élargissement qui se fait en dedans aux ouvertures des murailles à l'endroit des fenêtres ou des portes.

On va faire l'*embrasement* de vos fenêtres.	L'*ébrasement* ou l'*embrasure*.

En pour A la, et A la pour En.

I.

Ils vont tous *en* file.	Ils vont tous *à la* file.
J'ai vu le roi *en* chasse.	*A la* chasse.
Je vous ai vu *en* promenade.	*A la* promenade.
Je vais *en* campagne.	*A la* campagne.
J'ai une affaire *en* campagne.	*A la* campagne.

II.

Dans un char magnifique allant *à la* campagne.

Bien des gens cependant disent, je vais *en* campagne, j'ai une affaire *en* campagne. C'est mettre *en* pour *à la*.

III.

Être en ville, et être à la ville, sont bien différents. Être en ville, c'est être seulement hors de sa maison. Être à la ville c'est n'être plus à la compagne, c'est en être revenu.

Quand on sort seulement de sa maison, on dit je vais en ville, j'ai une affaire en ville; mais quand on revient de la campagne, je vais à la ville. Ce serait très-mal parler que de dire, je vais en ville, j'ai une affaire en ville.

Il y a des gens qui ne font pas cette distinction, et qui emploient indifféremment *en* ville et *à la* ville. J'ai lu dans des lettres écrites de Toulouse : Monsieur, votre frère est en ville depuis huit jours : Madame une telle est revenue ; elle est en ville depuis quinze jours.

Je demandai un jour à un jeune Toulousain si je pouvais parler à son père. Non, me répondit-il, il est *en* campagne, il est allé *en* campagne. Je lui demandai quelque temps après : Hé bien, votre père est-il de retour? Oui, me répondit-il, il est *en* ville. Il mit deux fois *en* pour *à la*.

Etre *en* campagne, c'est être *en* voyage.

En pour Aux.

Il a été mis *en* galères.	*Aux* galères.
Il a été trois ans *en* galères.	Il a été trois ans *aux* galères.
Il a été envoyé *en* galères.	*Aux* galères.

En pour Dans.

Nous avons l'été *en* trois semaines.	*Dans* trois semaines.
Nous partirons *en* trois jours.	*Dans* trois jours.

Emploi des prépositions Dans et En.

Il arrivera *dans* trois jours, signifie qu'il sera arrivé le troisième jour.

Il arrivera *en* trois jours, signifie qu'il sera trois jours en chemin.

Il faut remarquer pour une plus grande intelligence, que quand les mots *heure, jour, mois, années,* etc., sont joints aux adjectifs de nombre, si l'on doit employer *en,* on veut marquer le temps qui s'emploie à une chose : par exemple, *j'ai lu ce livre en une heure.* Mais il y a des endroits où *dans* ferait un faux sens : comme si je disais, *je ferai mon voyage dans dix jours,* pour dire que je n'y emploierai que dix jours, je parlerai mal et ne me ferais pas entendre ; car *dans dix jours,* signifie que je ferai mon voyage après que dix jours seront passés.

En pour De

Votre tabatière est-elle *en* écaille ou *en* carton ?	Est-elle *d'*écaille ou *de* carton ?
Voilà une belle étoffe, est-elle *en* soie ou *en* laine ?	Est-elle *de* soie ou *de* laine ?

En pour Le La, Les, Tel, Telle, Tels.

Mon frère est mélancolique ; mais moi je n'*en* suis pas.	Je ne *le* suis pas.
On trouve que M. un tel est spirituel, pour moi je ne l'*en* trouve pas.	Je ne trouve pas qu'il *le* soit.

Cet enfant n'est pas joli', mais sa mère l'*en* croit.

Sa mère croit qu'il l'*est*.

Vous êtes riche, monsieur, je n'*en* suis pas tant que vous.

Je ne *le* suis pas tant que vous.

On la croit sotte à cette fille, mais elle n'*en* est pas autant qu'on le pense.

On la croit sotte cette fille, mais elle ne *l'*est pas autant qu'on le pense.

Mais on peut dire : M. un tel a de l'esprit, dit-on, pour moi, je ne lui *en* trouve pas.

En bas pour en enbas.

En bas est une façon de parler adverbiale d'un usage très-étendu. Il est des cas où l'on doit ajouter pour plus de précision et de justesse la préposition en. On ne distingue point ces cas dans ce pays-ci. Nous allons les faire sentir par quelques exemples.

Tout corps pesant, lorsqu'il est retenu agit et pousse *en bas*.

Agit et pousse *en enbas*.

Les guirlandes pour être dessinées avec grace doivent former à chaque bout une pente qui descende *en bas*.

Qui descende *en enbas*.

Lorsque les épis mûrissent, la tige s'incline et les barbes descendent *en bas*.

Descendent *en enbas*.

On dit aussi :

Tirer *en enbas*. Dict. de l'Académie.

Il est pour C'est.

Il est bien dommage que cet enfant boîte.

C'est bien dommage que cet enfant boîte.

Estivandier.

On a remplacé, il y a quelque temps, le mot *Estivandier* par *Batteurs en aire*. Cette expression ne rend pas toute l'idée qu'on attache au mot *Estivandier*. Les *Estivandiers* sont ceux qui sarclent les blés, qui les coupent, les mettent en gerbes, les battent, les vannent, les mesurent et prennent pour eux la part convenue avec le propriétaire. Il est si difficile de trouver un terme propre, qu'il faudra laisser aux Gascons leurs *Estivandiers* jusqu'à ce que l'Institut leur prescrive une dénomination plus convenable.

On pourrait encore employer le mot *Aoûteron* qu'on prononce oûteron, parce que la moisson finit ordinairement au mois d'août.

Quant au terme moissonneur, il dit trop ou ne dit pas assez. Tout *estivandier* est *moissonneur*, mais tout *moisssonneur* n'est pas *estivandier*.

Etre en désacord pour N'être pas d'accord.

Le marché va être conclu, nous ne sommes *en désaccord* que de six francs.	Nous sommes *d'accord* à six francs près : il ne *s'en faut* que de six francs que nous ne *soyons d'accord*.

Etre fortuné pour Etre riche.

Si j'*étais fortuné*, je ferais beaucoup d'aumônes.	Si j'*étais riche*, etc.
Je suis *peu fortuné*, mais, grâce à Dieu, je ne dois rien.	J'ai peu de bien, j'ai peu de fortune, etc.

Etre fortuné signifie *être heureux*, soit que le bonheur vienne de la fortune ou d'ailleurs.

Eu de trop.

Les gascons ajoutent *eu* à la plupart des prétérits. Ils ne disent pas : J'*ai* aimé la musique, mais j'*ai eu* aimé la musique. Voici d'autres exemples :

J'ai *eu* mangé plusieurs fois chez un tel.	*J'ai mangé* plusieurs fois, etc.
J'ai *eu* pris jusqu'à sept tasses de café.	Il m'est arrivé de prendre jusqu'à sept tasses de café.

Voici la source de l'erreur. *Eu* se met après ces mots *quant*, *dès*, *à peine*, *aussitôt que*, *lorsque*, etc., comme : « Quand j'ai eu retrouvé » votre livre, je vous l'ai envoyé. Dès que j'ai eu dit cela, je me » suis retiré. Aussitôt que j'ai eu reçu de vos nouvelles, j'en ai été » faire part à vos amis. » Mais les gascons n'observent point cette règle.

Observez que *j'ai eu* vu, qui est fort en usage en Gascogne, ne se dit jamais, à cause de la cacophonie des tons, soit qu'il soit précédé par les conjonctions *quand*, *dès*, etc., ou qu'il ne le soit point.

Faire pour Avoir.

Bon nombre de Gascons emploient cette tournure : Hier *fit* huit jours que je vous envoyai telle chose ; c'est une faute grossière, car hier n'a pas fait huit jours ; hier n'est pas père de huit jours. On ne doit pas donc dire : hier *fit* huit jours, demain *fera* quinze jours, mais : *il y eut* hier huit jours, *il y aura* demain quinze jours.

Il faut parler comme Madame de Sévigné : *Il y eut* hier trois ans que j'eus une des plus sensibles douleurs de ma vie. Cette dame ne dit pas : hier *fit* trois ans.

Faire au four pour Cuire.

Les boulangers ne *font* point au four la veille de Noël.	Ne *cuisent* point, ou ne *cuisent* point du pain,
Toutes les fois qu'on *fait au four* chez moi, je décampe.	Toutes les fois qu'on *cuit* chez moi, etc.

Faire pour Se porter.

Quand on parle de quelqu'un bien malade, on dit à Toulouse : *Que fait* aujourd'hui un tel? pour dire : Comment *se porte* aujourd'hui un tel?

Fait faire, etc.

La robe que j'ai *faite faire* me coûte bien cher.	Que j'ai *fait faire*.
Venez déjeûner avec moi; j'ai des fraises que j'ai *faites cueillir* ce matin.	Que j'ai *fait cueillir* ce matin.

Ne mettez donc jamais au féminin ni au pluriel le participe passé du verbe *faire*, lorsqu'il est suivi d'un verbe au présent de l'infinitif.

Foiral pour Foire au bétail.

Foire au bétail, substantif féminin, se dit du lieu où l'on vend toute sorte de bétail. Si toute sorte de bétail ne s'y vend pas, mais seulement des bœufs, ou des cochons, ou des chevaux, on dira *foire aux bœufs, aux cochons, aux chevaux*, etc.

Gagner à quelqu'un pour Quelqu'un.

Vous avez joué avec un tel, lui *avez-vous gagné?*	L'*avez-vous gagné?*

Mais on dit bien : je *lui ai gagné dix louis.*

Heure.

Quatre *heures ont sonné.*	Quatre *heures sont sonnées.*
Vêpres *ont sonné.*	Vêpres *sont sonnées.*

On dit bien aussi : l'horloge *a sonné* quatre heures, on *a sonné* vêpres ; alors *sonner* est actif.

On parle fort mal quand on dit : l'horloge *a frappé* six heures, pour l'horloge *a sonné* six heures , il est six *heures frappées*, pour il est six *heures sonnées*.

Qui peut soutenir le langage de ceux qui disent :

Quelle heure *il est?*	Quelle heure *est-il?*
Ils sont sept heures.	*Il est* sept heures.
Sont-ils huit heures?	*Est-il* huit heures?

Il de trop.

Autant vaudrait-*il* vous abandonner le tout.	Autant vaudrait, etc.
Autant vaudrait-*il* qu'il épousât une telle.	Autant vaudrait, etc.

Ivrogne pour **Ivre.**

Un homme est *ivre* quand il a trop bu, et il est *ivrogne* quand il a coutume de trop boire ; c'est une différence que ne font pas ceux qui disent :

Hier soir mon domestique était *ivrogne.*	Mon domestique était *ivre.*

Noé s'est trouvé *ivre* une fois, mais il n'a jamais été *ivrogne.*

Les enfants de Toulouse voyant quelqu'un qui a trop bu lui crient : *Ivrogne, ivrogne.* Les enfants de Paris diraient : Il est *ivre.* Les premiers peuvent dire faux ; les seconds disent toujours vrai.

Jouer pour Parier.

Quand certains Gascons disputent et ne conviennent pas, ils disent : Voulez-vous *jouer ?* Que voulez-vous *jouer ?* Ceux qui n'entendent pas ce jargon croient qu'il est question de jeu et qu'on va porter des cartes. Point du tout ; c'est une gageure qu'on propose. Ils ont voulu dire : Voulez-vous *parier ?* Que voulez-vous *parier ?*

Kinarrhodon pour Cynorrhodon.

On sait que *Cynorrhodon* est le nom du fruit d'un arbuste appelé *Eglantier*. On fait du *Cynorrhodon* une conserve astringente, fort estimée en médecine.

Eh bien, la plupart des Gascons, même lettrés, même les gens de l'art, disent et écrivent *Kinarrhodon*, c'est-à-dire qu'on manque aux deux premières syllabes ; il faut dire et écrire : *Cynorrhodon.*

La de trop.

Ceci est salé comme *la* mer.	Comme mer.
Ceci est tendre comme *la* rosée.	Comme rosée.
Cela est blanc comme *la* neige.	Comme neige.
Il est froid comme *la* glace !	Il est froid comme glace.
Si *la* pauvre ma mère vivait encore !	Si *ma* pauvre mère vivait encore !

Le de trop.

Je veux qu'il soit *le* dit que j'ai tout sacrifié pour avoir la paix.	Je veux qu'il soit dit que, etc.
Je ne veux pas qu'il soit *le* dit que je me laisse condamner.	Qu'il soit dit.
Il fit *le* semblant d'avoir peur.	Il fit semblant d'avoir peur.

Mais on dit bien : S'il n'eut pas peur, il en fit *le* semblant.

Le, La, Les, pour Mon, Ma, Mes.

Qu'on m'apporte *le* manteau.	Qu'on m'apporte *mon* manteau.
Qu'on me rende *les* gants.	Qu'on me rende *mes* gants.

Ceux qui mettent *Ma, Mon,* au lieu de *La, Le,* ne parlent pas mieux français.

Ma fièvre m'a repris.	*La* fièvre m'a repris.
Vous m'avez fait mal à *mon* pied.	Vous m'avez fait mal *au* pied.

Mauvais emploi des pronoms Lui, Eux, Elle.

J'ai un livre nouveau : c'est *lui* qui est bien écrit.	C'est *ce* livre-là qui est bien écrit.
Sont-ce là vos prés ? Ce sont *eux.*	Ce *les* sont.
Cette jument est dangereuse : ne vous approchez pas d'*elle.*	Ne vous *en* approchez pas.

Messe.

Les Gascons disent *avoir la messe,* pour *être prêtre.*

Votre fils *a-t-il la messe?* | Votre fils *est-il prêtre?*

Quand votre fils *a-t-il pris la messe?* | Quand votre fils *a-t-il été fait prêtre?*

Montre solaire pour Cadran.

Voyez-vous la *montre solaire?* | Voyez-vous le *cadran?*

Ne de moins.

Je crains fort que ma mère meure de cette maladie. | Je crains fort que ma mère *ne* meure.

Ma mère craint toujours que je me blesse. | Que je *ne* me blesse.

Je ne nie pas que j'aie eu tort. | Que je *n*'aie eu tort.

Négations de trop.

Je n'en vois *pas* aucun. | Je n'en vois aucun.

Je ne dirai *pas* mot de ce que vous dites là. | Je ne dirai mot.

Cette dame ne va *en* aucun endroit. | Ne va *dans* aucun endroit.

Embrassez votre père avant qu'il *ne* parte. | Avant qu'il parte.

O pour Oui.

Certains Gascons se sont tellement familiarisés avec leur *O* patois, qu'ils ne peuvent plus s'empêcher de l'employer dans leurs discours.

Avez-vous déjeûné? *O*, et de fort bon appétit.	*Oui*, etc.
Voulez-vous aller demain avec moi à la campagne? *O, O,* volontiers.	*Oui, oui,* volontiers.

Où est, Où sont de moins.

Savez-vous les pincettes?	Savez-vous *où sont* les pincettes?
Savez-vous la clef de cette armoire.	Savez-vous *où est* la clef de cette armoire?
Vous cherchez votre femme? Je *la* sais.	Je sais *où elle est.*

Par pour A.

Arracher brin *par* brin.	Arracher brin *à* brin.
Dire mot *par* mot.	Dire mot *à* mot.
Compter sou *par* sou.	Compter sou *à* sou.
Vendre ses meubles pièce *par* pièce.	Pièce *à* pièce.

Pardonnez-moi pour Oui.

N'avez-vous pas trente ans? Un Gascon répond : *Pardonnez-moi,* et il faut dire : *Oui.* Ce chien n'est-il pas à vous? *Pardonnez-moi.* Il faudrait dire : *Oui, il est à moi.*

Pas et Point.

Ne confondez pas ces deux mots *pas et point,* car il y a entre *pas et point* une différence qui n'est sentie de presque personne. J'ai entendu des gens, réputés instruits, qui employaient, sans s'en douter, *pas* pour *point* et *point* pour *pas*.

En voici la différence :

Pas énonce simplement la négative ; *point* appuie avec force et semble l'affirmer.

Exemple.

Il n'est *pas* riche signifie qu'il n'est pas tout-à-fait pauvre, mais qu'il a peu de richesses, peu de bien.

Il n'est *point* riche signifie qu'il n'a point le nécessaire.

Il ne travaille *pas*, il ne fait *pas* son devoir comme il devrait, il ne s'occupe *pas* bien.

Il ne travaille *point,* il ne travaille nullement, il est paresseux, fainéant.

Peine.

Bien des gens mettent *éviter la peine* pour *épargner la peine*, et ils disent :

Je voudrais vous *éviter cette peine.*	Je voudrais vous *épargner cette peine.*
Evitez-moi la peine d'aller chez vous.	*Epargnez-moi la peine* d'aller chez vous.
La chose vaut bien *la peine.*	*En* vaut bien *la peine.*

Pléonasmes.

Ils s'entr'égorgèrent *les uns les autres.* Le mot *entre* dans s'entr'égorger renferme *les uns les autres.*

Cette lettre est *remplie* de civilité ; si je disais : de *beaucoup* de civilité, je tomberais dans le pléonasme.

Ainsi, *par conséquent* vous vous trompez.	Ainsi ou *par conséquent* vous vous trompez.

Dès *aussitôt* que mon père sera venu...	*Dès* ou *aussitôt* que, etc.
Si *en cas* vous sortez.	*Si* vous sortez.
Si *par cas* vous ne le trouvez pas.	*Si* vous ne le trouvez pas.
En fin *finale* tout s'est bien passé.	*Enfin* tout s'est bien passé.

Il est bien d'autres pléonasmes vicieux ; voici les principaux :

J'y vais *y aller*.	J'y vais.
Je viens *de venir*.	J'arrive.
Voyons *voir*.	Voyons.

On peut dire, suivant le Dictionnaire de l'Académie : Descendez *là-bas*, montez *là-haut*, je descends *en bas*, il faut sortir *dehors*, sans commettre de faute.

Plus pour Pas encore, Jamais.

Je n'ai *plus* vu si bien représenter une tragédie.	Je n'ai *pas encore* vu, etc.
Je n'étais *plus* entré dans cette église.	Je n'étais *jamais* entré, etc.
Cela ne m'était *plus* arrivé.	Cela ne m'était *pas encore* arrivé.

Plus pour Mais.

Les Gascons disent : Je n'en *puis plus*, je n'en *puis pas davantage*, au lieu de : Ce n'est *pas ma faute*, ou je n'en *puis mais*.

Plus bon pour Meilleur.

Vous avez là un bon couteau, mais le mien est *plus bon*.	Mais le mien est *meilleur*.

Pronoms supprimés.

Les jours commencent à allonger.	Les jours commencent à *s*'allonger.

Il serait mieux de dire : Les jours commencent à *croître*.

Les jours commencent à accourcir. | Commencent à s'accourcir.

On peut dire aussi : Les jours *rapetissent,* les jours *diminuent.*

Pronoms de trop.

Je *me* mangerai le pain.	Je mangerai le pain.
Voyez-vous comme ils *se* disputent entr'eux.	Comme ils disputent entre eux.
Si ce que je *me* pense arrive...	Si ce que je pense arrive...
Je ne *me* bougerai pas d'ici.	Je ne bougerai pas d'ici.

On dit bien : Je *me* meurs ; le pronom *me* n'est point de trop ; mais il le faut ôter quand on dit de quoi on souffre ; ainsi les phrases suivantes ne valent rien.

Je *me* meurs de faim.	Je meurs de faim.
Il *se* meurt de soif.	Il meurt de soif.

Les gens qui se sont querellés ou battus disent pour s'excuser :

C'est lui qui *m'*a commencé.	C'est lui qui a commencé.
Ce n'est pas moi qui *l'*ai commencé.	Qui ai commencé.

D'autres disent :

Je *m'*y vois encore un peu.	J'y vois encore un peu.
Qu'on allume une bougie, je ne *m'*y vois plus.	Je n'y vois plus.

Voici un langage affreux et pourtant commun :

Je *m'*ai perdu mon livre.	J'ai perdu mon livre.
Je *me suis* retrouvé mon livre.	J'ai retrouvé mon livre.
Je *me suis* manqué en cela.	J'ai manqué en cela.

Mais on dit bien : Je *me suis* oublié dans cette partie de jeu ; *vous vous* êtes oublié dans cette affaire.

Quart pour Quarteron.

Les Gascons disent *quart* pour *quarteron*.

Un *quart* de viande.	Un *quarteron* de viande.
Un *quart* de mouton.	Un *quarteron* de mouton.
Un *quart* de fromage, etc.	Un *quarteron* de fromage, etc.

Que pour Dont.

Mon père me donne tout ce *que* j'ai besoin.	Tout ce *dont* j'ai besoin.
L'argent *que* j'ai besoin.	*Dont* j'ai besoin.
*Qu'*avez-vous à vous plaindre?	*De quoi* avez-vous à vous plaindre?
*Qu'*avez-vous peur?	*De quoi* avez-vous peur?

Quelqu'un plus pour Un autre.

Qui m'a demandé? Monsieur un tel? Non, mais *quelqu'un plus*.	Non, mais *un autre*.
Faites ces reproches à *quelqu'un plus*.	A *un autre*.

R de trop.

Papa, achetez-moi un *scapurlaire*.	Un *scapulaire*.

R pour L.

D'autres que les soldats disent quelquefois : Mon *coronel,* pour mon *colonel,* mettant un *r* pour un *l.*

R de moins.

Tire-toi de là, polisson, laisse-moi cette place.	*Retire*-toi de là.
Allons, *tirez*-vous de devant moi.	*Retirez*-vous de devant moi.
Victoire difficile à *emporter.*	A *remporter.*

Rester.

Rester signifie demeurer. Exemple :

Je *reste* aux Couteliers.	Je *demeure* aux Couteliers.
Où *restez*-vous?	Où *logez*-vous?
Monsieur tel *restant* près des Changes	*Demeurant* près des Changes.

Rester pour Devoir.

Voici quelques acceptions du verbe *rester* fort mauvaises.

Vous me *restez* huit francs.	Vous me *devez encore* huit francs.
Vous me *restez devoir* tant.	Vous me *devez encore* tant.

Rester pour Tarder.

On *reste* longtemps à sonner la messe.	On *tarde.*
Un tel *demeure* bien, *reste* bien à venir.	*Tarde* bien à venir.

Rèster pour Mériter.

Ton mari te bat; cela *te reste* bien. | *Tu le mérites* bien.

Rester pour Sied.

Cet habit vous *reste* bien. | Vous *sied* bien.
Un habit noir *reste* toujours bien. | *Sied* toujours bien.

Rester pour Laisser.

Quoiqu'il me vît avec peine, il ne |
restait pas de me saluer. | Il ne *laissait* pas de me saluer.

Rester, aveo l'auxiliaire Etre.

J'*ai resté* seul de la bande. | Je *suis resté* seul.
Il *a resté* trois heures en faction. | Il *est resté,* etc.

Quelqu'un disait : Le nez *me saigne*. On lui dit : Depuis quand votre nez est-il devenu chirurgien? Il devait dire : Mon nez *saigne,* ou je *saigne* du nez.

S'en sortir pour S'en tirer.

Voici un gasconisme très commun :

Un tel nous prêche ce soir; nous |
verrons comme il s'en *sortira.* | Comme il s'en *tirera.*
Je souhaite qu'il s'en *sorte* bien. | Qu'il s'en *tire* bien.
Son médecin ne l'en *sortira* pas. | Ne l'en *tirera* pas.

Sou de cerises, de châtaignes, etc., pour Des cerises, des châtaignes pour un sou.

On dit bien : Une livre de raisins, une livre de cerises ; mais ce serait tomber dans le ridicule que de dire : *Un sou de* raisins, *un sou de* cerises. *De* est fort déplacé dans ces phrases ; il faut employer la préposition *pour*, et dire : Donnez-moi *des* cerises, *des* raisins *pour* un sou, deux sous, trois sous, etc.

Suer.

J'ai eu bien chaud, j'ai *sué* trois chemises.	J'ai *changé* trois fois de chemise.
Oui, il faut que ce malade ait *sué* vingt chemises.	Ait *changé* vingt fois de chemise.

On voit par ces exemples que *suer* est verbe neutre ; il n'est actif que dans cette phrase : *Suer* sang et eau.

Té pour Tiens.

Té, voilà ton canif.	*Tiens*, voilà ton canif.
Té, tu me le paieras.	*Va*, tu me le paieras.
Té, Diane, va chercher ce perdreau.	Diane, va chercher ce perdreau.

Tenir pour Avoir.

Combien *tenons*-nous du mois ?	Quel est le quantième du mois ?
Ne *tenons*-nous pas déjà le vingt ?	Ne sommes-nous pas au vingt ?
Le carême est bien avancé ; nous en *tenons* quatre semaines.	Le carême est bien avancé ; en voilà quatre semaines de passées.

Tomber à au lieu de Par, et Par au lieu de A.

La maison est tombée *à terre*.	*Par terre*.

On dit *tomber par terre* pour ce qui tient à la terre et qui vient à tomber.

Les feuilles des arbres tombent *par terre*.	Tombent *à terre*.

On dit *tomber à terre* pour ce qui ne tient point à la terre.

Tout de trop.

Il est venu *tout à pied*.	Il est venu à pied.

A travers de pour A travers le, et Au travers le pour Au travers du.

A travers, au travers, prépositions, dont la première est toujours suivie du régime simple, et l'autre de la préposition *de*, et qui signifient : *Au milieu, par le milieu.*

A travers des bois.	*A travers les* bois.
Il se fit jour *au travers les* ennemis.	*Au travers des* ennemis.

Un supprimé.

Il est deux heures et quart.	Il est deux heures et *un* quart.
Deux aunes et quart.	Deux aunes et *un* quart.
Nous aurons orage ce soir.	Nous aurons *un* orage ou de l'orage cette nuit.

Un de trop.

Il est brave comme *un* César.	Comme César.
Il est fort comme *un* Hercule.	Comme Hercule.
Je leur donne *un* tant.	Je leur donne tant.

Venir.

On dit quelquefois à table à son voisin : Voulez-vous boire? Et il répond :

J'en viens.	*Je viens de boire.*
Allez faire votre devoir, paresseux.	
Nous en venons.	*Nous venons de le faire.*

Plusieurs répondent à ceux qui les appellent :

J'y *viens*, nous y *venons*.	J'y *vais*, nous y *allons*.

Venir pour Devenir.

Cet enfant ne *viendra* pas grand.	Ne *deviendra* pas grand.
Les arbres ne *viennent* pas grands dans ce jardin.	Ne *deviennent* pas grands.

Verbes réfléchis. — Se faire mal.

Mon fils *s'a fait mal* en tombant.	*S'est fait mal* en tombant.
Il *s'a démis* le pied.	Il *s'est démis* le pied.
Je crois m'*avoir fait mal*.	*M'être fait mal*.

Verbes réciproques et réfléchis.

Nous croyons devoir relever ici une faute qui se fait, qui s'écrit dans toutes les contrées de la France, et qui regarde les verbes réfléchis et les verbes réciproques.

Le verbe réciproque est celui qui exprime l'action de plusieurs sujets qui agissent les uns sur les autres, comme : Les paysans qui *se battent* sont si furieux qu'ils *s'entr'égorgeront* si l'on ne prend des moyens pour les séparer.

Le verbe réfléchi est celui qui exprime l'action d'un seul sujet qui agit sur lui-même, comme : *Je me promène, je me flatte, je me loue.*

Qu'on ne dise donc plus que *se promener, se flatter, se louer,* sont des verbes réciproques.

———

En Bigorre et en Béarn bien des gens disent :

Avez-vous parlé cet homme?	Avez-vous parlé *à* cet homme?
Allez ouvrir *les* chiens et donnez-leur à manger.	Allez ouvrir *aux* chiens, etc.
Allez ouvrir cet enfant qui frappe à la porte.	Allez ouvrir *à* cet enfant, etc.

Vous de trop.

Je *vous* le vois venir, je *vous* l'arrête et *vous* lui donne cent coups.	Je le vois venir, je l'arrête et lui donne cent coups.

Y de trop.

Que voulez-vous *y* parier ? J'*y* parie un louis.	Que voulez-vous parier ? Je parie un louis.
On exige surtout que sous le cachet le véritable nom *y* soit écrit.	On exige surtout que le véritable nom soit écrit sous le cachet.

Mais *y* n'est pas de trop quand il est relatif, comme : Voit-on clair dans cet appartement? Oui, on *y* voit clair.

DICTIONNAIRE PATOIS-FRANÇAIS

EXPLICATION DES ABRÉVIATIONS.

ORTHOGRAPHE.

1o Article.	*L'* pour *le*. Ex. *L'*amour, *l'*encens, *l'*homme.
	L' pour *la*. Ex. *L'*antiquité, *l'*image, *l'*humeur.
2o Adjectif.	*Grand'* pour *grande*. Ex. *Grand'*garde, *grand'*mère, *grand'*messe.
3o Pronom.	*C'* pour *ce*. Ex. *C'*est, *c'*était.
	J' pour *je*. Ex. *J'*aime, *j'*en parle.
	L' pour *le*. Ex. Je *l'*honore.
	L' pour *la*. Ex. Il *l'*outrage, elle *l'*instruit.
	M' pour *me*. Ex. Je *m'*habillais, il *m'*importe.
	S' pour *se*. Ex. Il *s'*admire, elle *s'*évanouit.
	T' pour *te*. Ex. Il *t'*importune, il *t'*humilie, va-*t'*en.
	Quelqu' pour *quelque*. Ex. *quelqu'*un.
4o Préposition.	*D'* pour *de*. Ex. *D'*abord, *d'*ici, *d'*orgueil.
5o Conjonction.	*Qu'* pour *que*. Ex. *Qu'*ils viennent.
	Quoiqu' pour *quoique*. Ex. *Quoiqu'*amis.
	S' pour *si*. Ex. *S'*ils l'apprennent.
6o Négation.	*N'* pour *ne*. Ex. Je *n'*irais plus, elle *n'*entrera pas.

ECRITURE.

Ac. Académ.	Académie.	Mgr.	Monseigneur.
Chap. Ch.	Chapitre.	Mme.	Madame.
Cie	Compagnie.	Nov. 9bre.	Novembre.
Déc. X^{bre}.	Décembre.	Oct. 8bre.	Octobre.
K., Kil., Kilog.	Kilogramme.	Sept. 7bre.	Septembre.
Kil., Kilom.	Kilomètre.	V. Voy.	Voyez.
F. Fr.	Franc.	Voc. Dict.	Vocabulaire, Dictionnaire.
Mlle.	Mademoiselle.		

Nous n'avons point marqué dans notre Dictionnaire tous les noms ni tous les verbes ; mais nous allons donner des moyens faciles qui les feront connaître de ceux-là mêmes qui ont le moins de connaissances.

Règle générale. Toutes les fois qu'un mot sera terminé en patois par un A, ce mot sera un verbe en français.

Il est pourtant des cas où cette règle n'a pas lieu ; ainsi, il est des mots terminés en patois par I ou par E et qui sont des verbes ; mais il sera aisé de les reconnaître et de les distinguer des noms ou substantifs.

Exemples des verbes dont la terminaison patoise est en A :

Aïma, aimer, qui signifie avoir de l'amour pour quelqu'un, pour quelque chose ; voilà un verbe.

Bouta, mettre, placer, exposer, employer ; voilà un autre verbe.

Ainsi des autres.

Terminaisons patoises en E, I :

Abaté, abattre, renverser, faire tomber.

Aberti, avertir, donner avis, informer, etc., etc.

DICTIONNAIRE

PATOIS-FRANÇAIS

A

ABATÉ, abattre, v. a., renverser, faire tomber.

ABATOUER, abattoir, subs. com., lieu où l'on tue les bestiaux, tels que bœufs, vaches, etc.

ABASTOUA, enjaveler, v. act., lier les blés après les avoir coupés.

ABANDOUNA, abandonner, délaisser, faire peu de cas d'une chose.

ABARÉ, avare, subs. com., qui regrette l'argent, qui est trop attaché à ses richesses.

ABÈ, abbé, subs. com., jeune prêtre.

ABESQUÉ, évêque, prélat chargé de la conduite d'un diocèse.

ABESCAT, évêché, subs. com., district d'un diocèse sujet à un évêque.

ABEILLO, abeille, subs. com., mouche qui fait le miel.

ADÉNAMEN, avènement, subs. com., issue, succès de quelque chose.

ABERTI, avertir, donner avis, informer de quelque chose.

ABILLÉ, habile, capable, adroit, qui a de l'intelligence.

ABISAT, avisé, prévoyant, rusé.

ABISA, aviser, apercevoir, voir, regarder.

ABITA, habiter, faire sa demeure en un lieu quelconque.

ABOURDA, aborder, accoster, aller à bord, prendre terre.

ABOUNDANCIO, abondance, grande quantité.

ABRAQUA, raccourcir, couper, rendre plus court.

ABRÉJA, abréger, supprimer, élaguer.

ABILLA, habiller, vêtir, porter un habillement.

ABILLAMÉN, habillement, vêtement dont on se couvre.

ABIT, vêtement, il signifie chez les gascons un habit de fête.

ABITA, habiter, faire sa demeure, son séjour en quelque lieu.

ABITAN, habitant, qui fait sa demeure en quelque lieu.

ABITUDO, habitude, coutume, disposition acquise par plusieurs actes réitérés.

ABITUA, habituer, accoutumer, faire prendre l'habitude.

ALÉNO, haleine, air attiré et repoussé par les poumons.

ALÉNADO, halenée, l'air qu'on souffle par la bouche en une seule respiration.

ALÉNA, halener, sentir l'haleine de quelqu'un.

ACABA, achever, terminer, mettre fin.

ACOUCHUSO, sage-femme, celle dont le métier est d'accoucher les femmes.

ACOUCHOS, accouches, travail d'enfantement.

ACOUCHA, accoucher, être en couches.

ACOUSTUMA, accoutumer, prendre l'habitude de quelque chose.

ACULA, éculer, il se dit des souliers quand ils s'éculent.

ACULA, acculer, pousser quelqu'un dans un coin.

ACOUDA (s') s'accouder, se tenir sur les coudes.

ACOUTA ou ACHOUMA, étêter, couper la tête d'un arbre, et ne laisser que le tronc.

ACUSA, accuser, reprocher, déférer en justice.

ACUSATOU, accusateur, qui accuse.

ACOUMPAGNA, accompagner, aller avec quelqu'un.

ACOURDA, accorder, permettre, mettre d'accord.

ARO ou ADARO, maintenant, en ce moment.

BETARO, bientôt, de suite.

ADITIOUNA, additionner, ajouter une chose à une autre.

ADUCATIOUN, éducation, instruction.

ADUCAT, instruit, qui a reçu de l'éducation.

ADÈS, tout-à-l'heure, il n'y a qu'un instant.

ADJÉ, âge, la durée de la vie, temps.

ADJAT, âgé, qui a de l'âge.

ADAÏGA, arroser, humecter, mouiller.

AFLUSTA, viser, mettre le canon droit au but où l'on veut tirer.

AGLAN, gland, fruit du chêne.

AGLANADO, glandée, récolte du gland.

AGUILLÉE, aiguillée, le fil qu'on peut mettre dans une aiguille.

AGUILLOUN, aiguillon, pointe de fer aiguë que l'on met au bout d'un bâton pour aiguillonner les bœufs.

AGNESTO, genêt, arbuste qui a les tiges vertes.

AGRÉ, aigre, qui n'est point doux, succulent.

AGOUNÏO, agonie, dernier combat de la nature contre la mort.

AGUILLOUA, aiguillonner, piquer avec l'aiguillon.

AGNET, agneau, le petit d'une brebis.

AJUNLADÉ, prie-Dieu, marche-pied où on s'agenouille.

AHÈ, affaire, subs. fém., occupation.

AHÉROT, petite affaire, petite occupation.

AHUMAT, enfumé, noirci par la fumée.

ACI, ici, adv., en ce lieu-ci.

AÏDÏO, idée, perception de l'âme.

AÏDA, aider, secourir, prêter secours.

AÏRÉ, air, vent qu'on respire.

AÏRISSOUN, hérisson, petit animal couvert de piquants.

AÏRÉTATGÉ, héritage, ce qui revient par droit de succession.

AÏRÉTÈ, héritier, celui qui recueille une succession.

Aïréta, hériter, recueillir une succession.

Aïgo, eau, substance liquide ; pluie.

Ail, ail, herbe potagère.

Cabosso d'ail, gousse d'ail, tête d'ail.

Ajusta, ajuster, rendre juste, embellir.

Ajouc, juchoir, l'endroit où les poules se perchent pour dormir la nuit.

Alargi, élargir, rendre plus large.

Alo, aile, partie d'un oiseau qui lui sert à voler.

Aluga, allumer, mettre le feu, exciter.

Alumétos, allumettes, brin de bois soufré.

Amarra, ramasser des richesses.

Amaré, amer, qui a un mauvais goût.

Amarantou, amertume, état d'une chose amère.

Amassa, amasser, faire amas, accumuler.

Améçoun, hameçon, crochet de fer pour prendre les poissons.

Anet dé campano, bélière, anneau qui est au dedans d'une cloche pour suspendre le battant.

Anet d'arrodo, frette, lien de fer qui environne le moyeu d'une roue.

Ana, aller, marcher, faire route.

Ando ou Andado, andain, l'étendue qu'un faucheur peut faucher à chaque pas qu'il avance.

Aoübardo, bardelle, longue selle qui n'a ordinairement ni fer, ni arçons, et qui est faite de grosse toile piquée et de paille.

Aoübri, ouvrir, faire que ce qui était fermé ne le soit plus.

Aoüangéli, évangile, la loi de Jésus-Christ.

Aoüco, oie, oiseau de basse-cour.

Aoücat, oison, le petit de l'oie.

Aoü, jars, le mâle de l'oie.

Aoünesté, honnête, vertueux, civil.

Aoünou, honneur, dignité, gloire acquise.

Aoürrou, horreur, abomination, haine violente.

Aoürriblé, horrible, qui fait horreur.

Aoüéragné, noisetier, arbuste.

Aoüeran, noisette, fruit du noisetier.

Aoüba, obier ou aubier, arbrisseau.

Aoüset, oiseau, animal à deux pieds qui a des plumes et des ailes.

Aoüreillos, oreilles, l'organe de l'ouïe.

Aoujido, ouïe, celui des cinq sens par lequel on reçoit les sons.

Apuntamen, appointement, gages annuels.

Apunta, pointer, diriger vers un point.

A prempos, à propos, qui signifie en Gascogne : je me rappelle maintenant ce que je voulais dire.

Apéra, appeler, faire un cri à quelqu'un.

Aprénédis, apprenti, celui qui apprend un métier.

Après-dina, après-dîner, le temps qui s'écoule depuis le dîner jusqu'au souper.

Après-soupa, après-souper, temps entre le souper et le coucher.

Apel, appeau, instrument pour appeler les perdrix, etc.

Armet, trait, longe de cuir tressée, avec laquelle on attelle les bœufs, les chevaux, etc.

ARMÉRO ou ANDORTO, hart, lien dont on lie les fagots et dont on fait des traits.

ARNÉS, charrue, instrument avec lequel on laboure la terre. Voici les principales parties de la charrue :

LOU PLECK, la courbe, c'est le bois recourbé qui est l'essence d'une charrue, et auquel sont enchassés toutes ses autres parties. La courbe donne également naissance à

L'EMPEOU, qu'on appelle timon ;

BÉKNERRI ou LA SÉGO, subst. comm., pièce de fer en forme de couteau bien pointu, ayant un manche long de 2 décimètres ou environ ; ce manche s'enchâsse dans la courbe, mais un peu au-dessous, au moyen de deux coins en dehors et deux en dedans de la courbe, tandis que le tranchant du coutre s'avance au-dedans de la courbe pour se rapprocher du soc qui se trouve plus bas ; il s'en écarte pourtant d'environ deux centimètres ou trois au plus. Quelques-uns pourtant lui donnent plus d'écartement ;

HERRO ou LA REILLO, soc, autre pièce de fer en forme de triangle dont la pointe aiguë est en avant. Elle est large et plate, ses bords replient un peu en dedans; elle a un long manche qui s'enchâsse aussi dans la courbe, mais au-dessous du coutre. L'intervalle de l'un à l'autre est d'environ trente-cinq centimètres. Le soc est fixé à la charrue par le moyen du manche de la charrue (qui en patois se dit ESTÉOÜO), lequel s'en-

châsse aussi dans le bois de la charrue par le moyen du

COUY HERRADÉ, coin de charrue ;

ESTÉOÜO, manche de la charrue, pièce de bois recourbée qui s'enchâsse dans la charrue au-dessous du coutre, sur le manche du soc, et qui sert à tenir et à guider la charrue ;

ARRÈTGÉ, oreillon, versoir ou déversoir, pièce de bois qu'on met à côté de la charrue et tout-à-fait en bas, appuyé sur le triangle ou marche-pied du versoir, et fixé ordinairement dans sa partie supérieure au-dessous de la naissance de la courbe et même un peu au-dessous du coutre ;

MOUSSO. Comme le Dictionnaire de l'Académie ne fournit pas un terme spécifique, nous lui donnerons le nom de support ou marche-pied du versoir.

ARRESTET, râteau, instrument formé d'une pièce de bois long d'environ 70 à 80 centimètres, et garni de pointes ; au milieu se trouve le manche qui forme avec les pointes du râteau un angle droit un peu fermé.

ARRESTÉRA, râteler, v. act., ôter avec le râteau.

ARRESTÉRAÏRÉ, râteleur, euse, subst. com., qui râtelle.

ARRESTÉLIÉ, râtelier, subs. m., grille de bois attachée dans une écurie au-dessus de la mangeoire et où on met le foin, la paille, etc.

ARRASCLÉ, herse, instrument pour préparer la terre. Voici comment on doit disposer les différentes parties de la herse : il faut d'abord qu'elle ait une pesanteur proportionnée à la nature du sol que l'on doit herser. Les dents ou lames doivent être en fer dans la forme d'un coutre de charrue, de la longueur de 6 à 10 pouces, espacées à 8 pouces environ les unes des autres, et disposées de manière à ce que chacune fasse un tracé séparé et distinct. Il faut ensuite pour la construction d'une bonne herse, lui donner la forme d'un losange ou fausse équerre.

ARRASCLA , herser , préparer la terre avec la herse.

ARMARI, subst. f., armoire, meuble à renfermer des hardes.

ARROUSOUER , arrosoir, subst. m. , instrument pour arroser.

ARCALÉZ , bois de lit, le bois dont se compose le lit.

ARRADÉRO, araire à oreilles, subst. f., instrument formant un demi-cercle , ayant au milieu un manche dans lequel s'enchâsse le timon.

ARROUMECK , ronce, arbrisseau épineux.

ARPENTA, arpenter, mesurer la terre.

ARPHABET, alphabet, recueil de toutes les lettres d'une langue.

ARMANACK, almanach, calendrier.

ARRÉLOTGÉ , horloge , machine qui marque et sonne les heures.

ARRÉGO, en rue, sillon composé de plusieurs raies de terre relevée par la charrue.

ARRÉCULA, reculer en arrière.

ARROUDÉRO, ornière, trace que laisse une roue.

ARRODO, roue. *Voy*. CAR.

ARRUSCADÉ, cuvier, cuve pour la lessive.

ARRESTOUROS, chaume, ce qui reste après qu'on a coupé le blé.

ARRUCOS, chenilles, insecte qui ronge les feuilles des arbres.

ARAGNOUS, prunelle, le fruit du prunellier.

ARROUMPÉ, déchaumer, labourer un champ en chaume.

ARROUMIA, ruminer, remâcher.

ARÉOU, houx, arbuste toujours vert; ses feuilles sont armées de piquants.

ARCOBO, alcôve, coin d'une chambre où il y a un lit.

ARDIT, liard, la quatrième partie d'un sou.

ARAMOTOS, gaudes, espèce de bouillie que l'on fait avec la farine de maïs.

ARRATÈ, ratière, petite machine à prendre les rats.

ARRESSÉGO, scie, lame de fer garnie de dents qui sert à couper du bois.

ATTURRADÉ, rouleau, gros cylindre de pierre ou de bois pour écraser les mottes d'une terre labourée.

ATÉLA, atteler, lier les bœufs au char en faisant passer le bout du timon dans les traits. Exemple : Cocher, attelle mes bœufs et mes chevaux à la charrette.

ATEIGNÉ ou AOUÉCHÉ, atteindre, attraper, joindre ; il se dit d'une chose que l'on veut atteindre ou de quelqu'un qu'on veut joindre.

B

Baco, vache, subst. fém., la femelle du taureau.

Bachèro, vaisselle, tout ce qui sert à l'usage ordinaire de la table, comme plats, assiettes.

Bachet, vaisseau, ustensile de quelque matière que ce soit.

Baléjo, balai, subst. masc., instrument servant à nettoyer, à ôter les ordures d'une rue, d'une chambre.

Baléja, balayer, nettoyer avec le balai.

Banco, batte, espèce de petite table soutenue de deux pieds par derrière; elle est plus longue que large; on l'appuie par devant sur le bord de l'eau; ces sortes de battes sont les plus ordinaires.

Batté, battre ou fouler; il se dit du blé qu'on foule avec des chevaux ou des bœufs, ou qu'on bat avec le fléau.

Bastisso, maison, édifice, bâtiment; bâtisse ne s'entend que de la partie de la maçonnerie.

Bastoun, bâton, long morceau de bois qu'on peut tenir à la main, servant à divers usages.

Barrot, bâton, gros bâton.

Barito, bluteau ou blutoir, espèce d'armoire renfermant un tamis où l'on passe la farine.

Barito, pour passer la farine d'avoine, dodinage, bluteau lâche destiné à tirer le gruau.

Bandatgé, bandage, ceinture contre les hernies.

Barraquo, barraque, maison qui tombe en ruines.

Bartaoüero, panture, pièce de fer longue et plate qui reçoit le gond.

Barradé d'un hour, bouchoir.

Barga, teiller ou tiller, préparer le lin, rompre le lin.

Balisto à poissons, fichure, trident avec lequel on darde le poisson dans l'eau.

Barat, fossé, fosse creuse et longue pour enfermer quelque espace.

Baillar, baillarge, espèce d'orge.

Bazéli, basilic, plante odorante.

Bagnur, baigneur, celui qui baigne.

Badaillo, bâillon, ce qu'on met dans la bouche pour empêcher de crier.

Boudouil, haut-volant, instrument en forme de couteau bien recourbé, emmanché d'un long bâton.

Barbéou, barbeau, poisson d'eau douce.

Bassinet, bassinet, pièce de la platine d'un fusil.

Baguéto de billard, bistoquet, bâton de billard.

Barita, bluter, passer la farine.

Barraillo, barrière, clôture d'un champ faite de branches d'arbre pour fermer l'entrée aux bestiaux.

Batédé, égrénoir, instrument avec lequel on égrène.

Baoüqué, gerbière, tas de gerbes.

Baïlet, valet, domestique, serviteur; instrument de fer qui sert à tenir le bois sur l'établi d'un menuisier.

Bécat, hoyau, subst. m., houe à deux fourchons.

Bédet, veau, le petit de la vache.

Benta, vanner, nettoyer le grain par le moyen du van.

Bétriol, vitriol, sel austère et astringent.

Bésé, voir, apercevoir les images des objets dans les yeux.

Bédéra, vêler; il se dit d'une vache qui met bas.

Béné, vendre, livrer pour un certain prix une chose qu'on possède.

Bengué, venir, se transporter d'un lieu à un autre.

Benté, ventre, la capacité du corps de l'animal.

Bentrièro, ventrière, longe de cuir qu'on passe sous le ventre d'un cheval de carrosse pour empêcher que le harnais ne tourne, et pour tenir les traits en un tel état qu'ils ne puissent ni monter trop haut, ni incommoder le ventre du cheval.

Berdet, verdet, couleur tirée du cuivre par le moyen du marc de raisin.

Berdéja, verdoyer, devenir vert.

Berduro, verdure, herbes, feuilles lorsqu'elles sont vertes.

Beïré, verre, corps transparent et fragile, produit par la fusion d'un mélange de sable et de sel alcali.

Bourrouil, verrou, pièce de fer ronde au milieu de laquelle tient une queue droite ou recourbée, qu'on applique à une porte, afin de pouvoir la fermer, et qui va et vient entre des crampons.

Besso, vesce, espèce de grain rond et noirâtre, dont on nourrit les pigeons.

Bécary, vicaire, celui qui est établi sous un supérieur pour le remplacer dans certaines fonctions.

Beccop, beaucoup, adverbe de quantité.

Bédéro, génisse, la femelle du taureau.

Béroy, joli, gentil, agréable.

Béoüé, boire, prendre quelque boisson.

Bentadé, ventilateur, instrument avec lequel on vanne.

Bin, vin, liqueur spiritueuse.

Bitro, vitre, assemblage de pièces de bois et de verre qui sert à donner le jour dans les habitations.

Bitra, vitrer, garnir de vitres.

Bimé, osier, arbrisseau dont les tiges servent à lier les futailles, etc.

Bentrièro, panne, pièce de bois qui sert à soutenir les chevrons d'une couverture.

Binettos, oseille, plante un peu aigre.

Bisco, faîtage, pièce de bois qui fait le sommet de la charpente d'un bâtiment.

Biraoüguèros, viornes, arbrisseau qui s'attache le long du tronc des arbres.

Bec-d'ayné, bec-d'âne, ciseau plus épais que large pour ouvrir les mortaises.

Biasso, bissac, sac long et ouvert par le milieu et fermé par les deux bouts, en sorte qu'il forme comme un double sac.

Biro-Mouscos, émouchoir, queue de cheval attachée à un manche et dont on se sert pour chasser les mouches.

Biroun, foret, instrument qui sert à percer.

Birobarquin, vilebrequin, instrument d'artisan qui sert à trouer, et qu'on fait entrer en le tournant.

Birago, ivraie, mauvaise herbe.

Boudouilleto, serpe, instrument de fer large, plat, recourbé, tranchant, dont on se sert pour couper des haies.

Bouha, souffler, il se dit du vent et de l'air qu'on expire avec force.

Boucha, essuyer, nettoyer, rendre propre.

Boucho, boîtes, cylindre de fonte. Voy. Rodo.

Brotos, brocoli, rejetons d'un vieux chou.

Boutoun d'arrodo, moyeu. Voy. Car.

Boulé, vouloir, être d'accord.

Bourna, aborner, mettre des bornes.

Boussaloun, frelon, sorte de grosse mouche dont la piqûre est venimeuse.

Bouta, mettre, poser, placer quelque chose en un lieu.

Bourolo, esse, cheville ou crochet de de fer, en forme d'S que l'on met au bout de l'essieu, pour empêcher que la roue ne tombe.

Bourricot, ânon, petit âne.

Bourric, âne, animal.

Boulur, voleur, celui qui vole.

Bouéou, bœuf, le mâle de la vache.

Braou, bouvillon ou jeune bœuf.

Remarquez : Veau, Bouvillon et Bœuf, trois termes qui diffèrent entre eux, comme Enfant, Jeune Homme et Homme.

On dira aussi : un Levreau, un Lapereau, un Cailletau, un Perdreau, et non un jeune Lièvre, un jeune Lapin, etc.

Bordo, métairie, maison où l'on tient des métayers.

Boussoun, bouchon, ce qui sert à boucher une futaille.

Boundo, bondon, cheville de bois ronde et courte dont on bouche le trou par où l'on remplit un tonneau.

Bouri, bouillir, l'eau bout, etc.

Bourso, lacis, espèce de réseau de fil ou de soie avec lequel on prend des oiseaux.

Bouéïta, vider, rendre vide.

Bouyatgé, voyage, le chemin qu'on fait pour aller d'un lieu à un autre.

Bouhigo, vessie, sac membraneux servant à recevoir et à contenir l'urine.

Brouquét, fausset, cheville appropriée qu'on met au trou que fait le foret dans une futaille.

Bras dé cadièro, dossier, partie d'une chaise où l'on s'appuie le dos.

Broutoun, bourgeon, drageon, qui pousse au pied des arbres et des plantes.

Brespos, vêpres, office de l'après-midi.

Brespé, après-midi.

Bren, son, la partie la plus grossière du blé moulu.

Branco, branche, bois que pousse le tronc des arbres.

Brocho, broche, ustensile de cuisine.

Broco, aiguille à tricoter.

Brégno, vendange, récolte des raisins.

Brégna, vendanger, récolter des raisins.

Brégnayré, vendangeur, qui fait la récolte des raisins.

Buscaillos, bûchettes, menu bois que les pauvres ramassent dans les forêts.

Buscailla, ramasser des bûchettes.

Buha, souffler, il se dit du vent que l'on expire fortement.

Bugado, lessive.

Bugada, faire la lessive.

Buto, étai, pièce de bois dont on se sert pour appuyer une muraille.

Buta, étayer, appuyer avec des étais.

C

Cabos, bluet ou aubifoin, plante des prés.

Cabarét, cabaret, auberge, taverne.

Cagailloun, crottin, excrément du cheval, de la brebis, etc.

Cabesté, licou ou licol, lien qu'on met à la tête d'un cheval, d'un âne, etc., pour les tenir.

Cadièro, chaise, meuble qui sert à s'asseoir.

Canèro d'un paloun, etc., douille, manche creux qui sert à recevoir un manche de bois.

Canchèro, en raie, plusieurs sillons tracés l'un à côté de l'autre, assemblage de dix à douze raies.

Camo, jambe, partie du corps de l'animal, qui est depuis le genou jusqu'au pied.

Cambailloun, jambon, la cuisse du cochon qui a été salée.

Cabalo, jument, femelle du cheval.

Camuchèt, pelotte, espèce de boule que l'on forme en dévidant du fil ou de la laine, etc.

Catsè, oreiller, coussin servant à soutenir la tête quand on est au lit.

Camisolo, souquenille, long surtout de grosse toile.

Caburlat, têtard, insecte noir qui vient dans l'eau.

Cardoun, chardon, plante armée de piquants.

Cadéno, chaîne, lien de fer maillé.

Cariato, tine, vaisseau de bois, composé de douves et de cerceaux, qui est ordinairement plus large par en haut que par en bas et qui sert à porter de l'eau ou de la vendange.

Cabessaou, tortillon, torchon tortillé en rond, que l'on met sur la tête pour n'être pas incommodé du fardeau que l'on porte.

Canardo, canne, femelle du canard privé ou sauvage.

Canaouéro, roseau ou canne, arbrisseau ou plante aquatique.

Cancet d'un car, ridelle d'un chariot.

Car, chariot, instrument servant à porter du bois, de la pierre, etc.

Voici les principales parties d'un char :

Les roues qui sont formées des :

Arrays, rayons, raies ou bâtons de bois qui vont du moyeu de la roue jusqu'aux jantes;

Cansos ou Caoücous, jantes, pièces de bois courbées, qui, jointes les unes aux autres, forment la roue d'un charriot, d'un carrosse;

Boutoun, moyeu, cette partie du milieu de la roue où l'on emboîte les rayons, et dans le creux de laquelle entre l'essieu;

Bouchos, boîtes, sorte de boîtes rondes sans fond que l'on enchâsse aux deux bouts du moyeu pour empêcher que l'essieu ne l'use;

Esch, essieu, pièce de bois ou de fer qui entre dans le moyeu des charrettes, etc.;

Cancets, ridelle, pièce de bois qui règne sur le haut et le long du charriot, au travers de laquelle passent les épars et les roulons;

Hourcos, épars, pièces de bois en forme de manche de charrue qui servent à soutenir les ridelles d'un charriot; il y en a deux près de l'avant-train et deux autres près du train;

Cansillous, roulons, petites chevilles de bois qui garnissent, en forme d'échelle, les ridelles d'un chariot, d'une charrette, etc.;

Asto, timon, pièce de bois qui est longue et droite, qu'on enclave dans le train de devant d'un chariot à l'aide d'une cheville de fer, et à laquelle on attelle les bœufs, vaches, etc.;

Bourolos, esses, cheville ou crochet de fer en forme d'S que l'on met au bout de l'essieu.

Capit, capiton, c'est la bourre de la coque d'un ver à soie; il se dit aussi de ce qu'il y a de plus gros dans le lin.

Capèto, capuce, certain vêtement que portent les femmes.

Capulet, capuchon, capuce courte.

Carnabal, mardi-gras.

Remarque. On ne peut pas dire : le jour du carnaval, parce que le carnaval n'est pas un seul jour. On doit dire : le mardi-gras. Mais on peut dire : un des jours du carnaval.

Campané, sonneur, celui qui sonne les cloches; le carillonneur est celui qui les sonne en mesure, en cadence, qui joue des airs.

Catsadé, chassoir, morceau de bois qu'on pose sur le cerceau pour lier les futailles.

Calignoun, ligneul, fil ciré dont se servent les cordonniers pour coudre les souliers.

Cambia, changer, donner une chose et en recevoir une autre.

Cascouillo d'un aglan, alvéole d'un gland, enveloppe.

Caoücagnous, gond, pièce de fer sur laquelle roule la panture d'une porte, etc.

Caoüdé, chaudron, ustensile de cuisine.

Carréto dé man, brouette, petite charrette.

Cansillous, roulons, petits bâtons de bois qui sont enchâssés aux ridelles d'un chariot, etc.

Cagacho, fauvette, oiseau.

Cardin, chardonneret, oiseau.

Canét, chanvre, sa graine, chénevis.

Calamet, chalumeau, espèce de flûte faite avec une paille.

Castagno, châtaigne, fruit du châgnier.

Castagné, châtaignier, arbre qui porte des châtaignes.

Castagnèro, châtaigneraie, lieu planté de châtaigniers.

Canlo, caille, oiseau de passage.

Canlat, cailleteau, le petit d'une caille.

Cassou, chêne, arbre qui porte des glands.

Cassa, chasser, poursuivre du gibier avec une arme à feu.

Can, chien, animal domestique.

Cansoun, chanson, ce que l'on chante

Capoun, chapon, coq châtré.

Capoun gaillou , coquâtre , chapon mal châtré.

Cara (sé), se taire, faire silence.

Cachaou, mâchelière, dent qui sert à mâcher.

Caouha, chauffer, donner de la chaleur.

Caouèco, chouette, oiseau nocturne.

Cercle de luo ou de soureil , halo, couronne lumineuse que l'on voit autour des astres.

Cébo, oignon, plante légumineuse.

Cebar , cayeu d'oignon , rejeton des oignons.

Cerraillo , serrure , machine de fer qui sert à fermer et à ouvrir les portes.

Cerclé, cerceau, cercle de bois qui sert à serrer les tonneaux.

Cendré , cendre , la poudre qui reste du bois brûlé.

Ciouèros a arrodo, bayart, espèce de civière avec une roue sur le devant.

Ciouèros a bras et que deux personnes soutiennent, bart.

Coco, galette, gâteau qu'on fait avant d'enfourner le pain.

Couarigo , hochequeue , oiseau qui reste sur le bord de l'eau ; celles qui restent et voltigent autour du bétail se nomment bergeronnettes ; elles ne diffèrent des autres que par un plumage un peu plus jaune.

Couonidé, nichet, œuf que l'on met dans un nid pour que les poules y aillent pondre.

Coujo, citrouille, légume bon à manger.

Coujo dé bin, calabasse.

Courpièro, croupière, morceau de cuir rembourré que l'on passe sous la queue d'un cheval, etc.

Coué, cuir, la peau de l'animal.

Coupa, couper, déchirer.

Courbagna, provigner, coucher en terre les brins d'un cep de vigne.

Courbagno, moissine, faisceau de branches de vigne avec les grappes qui y pendent.

Coueillé, cueillir, amasser, ramasser.

Cougét, poire à poudre, petite bouteille de cuir bouilli où les chasseurs mettent la poudre.

Cousséjo, dévidoir, instrument pour dévider.

Coustudièro, couturière, femme qui fait métier de coudre.

Crabo, chèvre, animal.

Cramboula, billarder (jeu de billard), pousser les deux billes à la fois.

Crémail, crémaillère, instrument de cuisine.

Crousto, croûte, ce qu'il y a de plus cuit dans le pain.

Crousto léouado, du pain morfondu.

Cussoun, charençon, petit ver qui ronge les blés.

Currouy, rouge-queue, oiseau.

Cuco, artisan, petit ver qui s'engage dans le bois et le ronge.

Curadé, curoir, fer aiguisé qu'on met au bas de l'aiguillade pour nettoyer la charrue.

D

DACS, ablais, dépouille du blé.

DA, donner, faire don, offrir, livrer.

DAÏRÉ, donneur, qui donne (il est familier).

DAIL, faulx, s. m., instrument pour couper l'herbe des prés.

DAILLA, faucher, v. a., couper l'herbe avec la faulx.

DAILLAÏRÉ, faucheur, s. m., celui qui coupe le foin.

DAMO, dame, s. f., titre que l'on donne aux femmes de qualité.

DAMAÏSÉLO, demoiselle, s. f., titre qu'on donne aux filles de qualité.

DAMEROT, dameret, jeune homme qui fait le beau.

DANSA, danser, mouvoir le corps en cadence, à pas mesurés.

DANSAÏRÉ, danseur, qui danse.

DAOUANTIÈRO, amazone, subst. fém., robe des femmes pour monter à cheval.

DAOUANT, devant, côté opposé à derrière.

DAOUANTIÈRO, devantière, subst. fém., jupe fendue par derrière, que porte une femme qui va à cheval à la manière des hommes. La devantière diffère de l'amazone.

DAOÜANTAOÜ, devantier, subst. m., tablier.

DARRÉ, derrière, adv., côté opposé à devant.

DARRÉ, ERO, dernier, qui est après tous les autres.

DÉBANA, dévider, mettre en écheveaux le fil qui est dans le fuseau.

DÉBANADÉ ou COUSSÉJO, dévidoir, instrument qui sert à devider le fil, etc.

DÉBARA, descendre, aller de haut et bas.

DÉBOUCA, tomber, faire tomber quelqu'un ou quelque chose.

DÉBISA, deviser, s'entretenir familièrement.

DÉBERTI, divertir, détourner, distraire, réjouir.

DÉCHOUCA, biner, labourer une terre qu'on a déchaumée.

DÉCHEZÉ, défaire, détruire ce qui est fait.

DÉBAT, dessous, ce qui est opposé à dessus.

DÉFOUNÇA, ôter le fond (défoncer), labourer profondément.

DÉFENDE, défendre, protéger, soutenir quelqu'un.

DÉFENSOU, défenseur, qui défend.

DESBALA, déballer, défaire une balle.

DESBAOÜCHA, débaucher, faire entrer en débauche.

DESBOUNDA, débondonner, ôter le bondon d'une futaille.

DESBOURDA, déborder, sortir hors des bords.

DESBOUGLA, déboucler, ôter la boucle.

DESBOURSA, débourser, tirer de l'argent de sa bourse.

DESBOUTOUA, déboutonner, faire sortir les boutons de leurs boutonnières.

DESGARGALA, débrailler, découvrir la gorge, l'estomac avec indécence.

DESBRIDA, débrider, ôter la bride à un cheval.

DESCHA, laisser, abandonner, quitter.

DESCARGA, décharger, ôter un fardeau du lieu où il était.

DESCRASSI, décrasser, ôter la crasse.

DÉCROUTA, décrotter, ôter la crotte.

DESSALÏOUA, décruer, préparer le fil par une lessive, avant la teinture.

DESJOUA, jeûner, garder le jeûne.

DESJOUAÏRE, jeûneur, qui jeûne beaucoup et souvent.

DESBAOÜCHA, déranger, il se dit d'une montre qui est en mauvais état.

DESCAMBIA, changer, donner une chose pour une autre.

Remarque. Bien des gens disent, *déchanger;* d'autres, *échanger;* ils ont tort; il faut dire *changer.*

DESTÉCA, écosser, il se dit des pois, des fèves qu'on fend pour en ôter les grains.

DESCHEZÉ LOU HOUÉC, détiser le feu, en ôter les charbons, les tisons.

DESHOUEILLA, effeuiller, ôter la feuille.

DESGRAGNA, égrener, faire sortir le grain de l'épi, de la grappe, etc.

DESNUDÉRA, dénouer, défaire un nœud.

DESBEILLA, éveiller, faire cesser le sommeil.

DESPACHA, dépêcher, expédier promptement.

DESPACHIOU, expéditif, qui expédie promptement.

DESCAPITA, décapiter, couper la tête.

DESHERRA, déferrer, ôter le fer du pied d'un cheval.

DESHOURNA, défourner, tirer le pain du four.

DESGAOÜCHI, dégauchir, retrancher ce qu'il y a d'irrégulier dans un ouvrage en bois, ou en pierre.

DESGROUSSIÉRA, dégrossir, ôter le plus gros de la matière, pour commencer à lui donner de la forme.

DESTOURRA, dégeler, faire qu'une chose qui était gelée cesse de l'être.

DESJUNTA, déjoindre, désunir.

DESMOULI, démolir, détruire.

DESMOURDÉ, démordre, quitter prise après avoir mordu.

DESMURRAILLA, démurer, ouvrir une muraille.

DESPARLA, débagouler, dire indiscrètement tout ce qui vient à la bouche.

DESBOUSSA, déboucher, ôter ce qui bouche.

DESCOUDÉ, découdre, défaire ce qui était cousu.

DESDOUBLA, dédoubler, ôter la doublure.

DESNUDÉRA, délacer, défaire un lacet.

DESMANJA, démancher, ôter le manche d'un instrument. Un outil se démanche.

DESTOURBA, dénatter, détortiller ce qui était tortillé en nattes.

DESPLATZÉ, déplaire, être désagréable.

DESPLÉGA, déplier, étendre une chose qui était pliée.

DESPOUILLA, dépouiller, ôter les habits à quelqu'un. *Se dépouiller* signifie ôter les habits qu'on a.

DÉSEMPUCH, depuis, préposition.

DÉSARENJA ou DÉSARENGA, déranger, troubler, mettre en désordre.

DÉSARROUILLA, dérouiller, ôter la rouille.

DESBÉDA, déshabituer, faire perdre l'habitude.

9

DÉSAOUNESTÉ, déshonnête, qui est contre la bienséance.

DESTACA, détacher, séparer ce qui était attaché.

DESTINTA, déteindre, ôter la couleur de quelque chose.

DESTERRA, déterrer, découvrir une chose qui était cachée dans la terre.

DESTORSÉ, détordre, déplier, ce qui était tordu.

DESTREMPA, détremper, délayer dans quelque liqueur.

DETZ, dix, nombre composé de neuf plus un.

DETZIÈMO, dixième, qui est au dixième rang.

DESBREMBA, oubli, manque de souvenir.

DESPOUPA, sevrer, retrancher le lait à un petit enfant.

Voici maintenant le nom des jours de la semaine :

DIMENGÉ, dimanche.

DILUS, lundi.

DIMAR, mardi.

DIMÈCRÉS, mercredi.

DITJAOUS, jeudi.

DIBÉS, vendredi.

DISSATTE, samedi.

DINCO, jusque. *Dinco douman*, jusqu'à demain.

DICTIOUNARY, dictionnaire, recueil des mots d'une langue.

DIOU, Dieu, le souverain être qui a créé toutes choses.

DINA, dîner, le repas qu'on fait à midi.

DISPENSA, dispenser, exempter de la règle ordinaire.

DISPUTA, disputer, être en débat, en contestation.

DIBISA, diviser, partager.

DISÉ, dire, parler, annoncer quelque chose.

DOURNO, cruche, vase de terre, à anses, propre à porter de l'eau.

DOURNADO, cruchée, ce qui peut contenir dans une cruche.

DOURNÉ, évier, lieu par ou s'écoulent les eaux d'une cuisine, et où l'on tient, ordinairement les cruches.

DOUO, douve, planche étroite dont on se sert pour la construction d'un tonneau, etc.

DOUTZÉ, douze, nombre composé de dix plus deux.

DOUCILÉ, docile, qui est propre à recevoir des instructions, des avis ; facile à manier.

DOUCILITAT, docilité, disposition naturelle à se laisser gouverner.

DOUCTRINO, doctrine, savoir, érudition, maximes.

DOGOU, dogue, gros chien courageux.

DOMINATOU, dominateur, qui domine.

DOUNATIOUN, donation, acte par lequel on donne.

DOUNDOUN, dindon, oiseau domestique.

DOUCÉTO, doucette, plante ; c'est la mâche.

DOUSSOU, douceur, qualité de ce qui est doux.

DOUCINO, doucine, moulure ondoyante à moitié convexe et à moitié concave.

DOULOU, douleur, mal que souffre le corps ou l'esprit.

DRETÉ, droitier, qui se sert de la main droite.

Drecturo, droiture, justice.

Drogo, drogue, ce qui est mauvais en son espèce.

Droumi, dormir, être dans le sommeil.

Droumillous, dormeur, qui aime à dormir.

E

Echermen, sarment, petit faisceau de de sarments.

Echamé, essaim, volée de jeunes mouches à miel.

Echamia, essaimer, ruche dont il sort un essaim.

Ebé, eh bien! interjection.

Ebalua, évaluer, fixer le prix de quelque chose.

Efaoufila, effiler, défaire un tissu fil à fil.

Embarda, embourber, mettre dans un bourbier.

Embobé, emblaver, semer une terre en blé.

Emmourtaïsa, emmortaiser, faire entrer dans une mortaise le bout d'une pièce de bois.

Emmuzeca, emmuseler, mettre une muselière.

Empailla, empailler, garnir de paille.

Empés, empois, espèce de colle faite avec de l'amidon.

Empésa, empeser, accommoder le linge avec de l'amidon.

Embestia, hébéter, rendre stupide, être à charge.

Emplasté, emplâtre, onguent étendu sur un morceau de cuir, ou de linge.

Emplia, emplir, rendre plein.

Empoudoua, empoisonner, faire prendre du poison.

Engaouëra, enjaveler, mettre les blés par petites poignées, et les laisser couchés sur les sillons.

Empastat, pâteux, il se dit du pain qui n'est pas assez cuit, et des choses qui font dans la bouche l'effet de la pâte.

Enfagouta, mettre en fagots, enfagoter.

Engouloupa, envelopper, mettre autour de quelque chose une étoffe, un linge.

Embénima, envenimer, infecter de venin.

Engabia, encager, mettre en cage, en prison.

Encaissa, encaisser, mettre dans une caisse.

Encapéta, encapuchonner, couvrir la tête d'un capuchon.

Encensa, encenser, donner de l'encens.

Encadéna, enchaîner, attacher avec une chaîne.

Enchantiéra, enchanteler, mettre sur des chantiers.

Enchassa, enchâsser, entailler.

Encabesta, enchevêtrer, mettre un chevêtre, un licou à un cheval.

Enclaouéra, enclaver, enfermer une chose dans une autre.

Enclumi, enclume, subst. fém., masse

de fer sur laquelle on prépare le fer large, etc.

ENDIMENÇHA, endimancher, mettre les habits du dimanche.

ENDRÉT, endroit, lieu, place, côté, etc.

ENGUILLA, enfiler, faire passer le fil par le trou d'une aiguille.

ENFOUNÇA, enfoncer, pousser vers le fond.

ENGARBA ou ABASTOUA, engerber, mettre en gerbe.

ENGULA, engouler, prendre tout d'un coup avec la gueule.

ENGRESCHA, engraisser, faire devenir gras.

EMBEROUYA, enjoliver, rendre joli.

EMBÉOUÉDA, enivrer, rendre ivre.

ENRAYA, enrayer, garnir une roue de ses rayons.

EMPEOÜTA, greffer, enter.

ENTÉNÉ, entendre, percevoir les sons par l'oreille.

ENTERRA, enterrer, mettre en terre.

ENTERRAMEN, enterrement, action d'enterrer.

ENTOUNA, entonner, chanter les premières paroles d'une hymne.

ENTOURCLA, entortiller, entrelacer.

ENTOURA, entourer, environner, mettre autour.

ENTRA, entrer, passer du dehors au dedans.

EMPÉOU, enture, l'endroit où l'on a placé une ente.

ENCÉDOUN, lacet, corde de crin à laquelle viennent se prendre les perdrix, les lièvres.

ERBÉ, gésier, second estomac de certains oiseaux.

ESCAPURLARY, scapulaire, morceau d'étoffe que portent certains religieux.

ESCOURPIOUN, scorpion, insecte venimeux.

ESPECTAGLÉ, spectacle, représentation théâtrale que l'on donne au public.

ESTATUO, statue, figure d'homme ou de femme en plein relief.

ESCANDALOUS, scandaleux, qui donne le mauvais exemple.

ESCANDALISA, scandaliser, donner le scandale.

ESPOUNSÉTO, vergette ou époussette, brosse composée de poil de cochon.

ESPOUNSÉTA, vergeter, nettoyer avec des vergettes.

ESTIAILLOS, tenailles, instrument de de fer pour tenir ou pour arracher quelque chose.

ESPRENGLÉ, trébuchet, machine pour prendre les oiseaux.

ESPINCÉTOS, pincettes, ustensile de fer servant à attiser les tisons.

ESCUDÉRIO, écurie, lieu où l'on enferme des chevaux.

ESTABLO, étable, lieu où logent les bœufs, vaches, brebis, etc.

ESTABLA, établer, mettre dans une étable.

ESCALO, échelle, machine de bois pour monter et pour descendre.

ESCALÉ, escalier, suite de degrés pour monter et descendre.

ESCLAÏRÉ ou ESLAMPRÉ, éclair, éclat de lumière subit et de peu de durée.

ESPAOULO, épaule, partie du bras qui est au-dessous du chignon du cou.

ESPADO, épée, arme offensive et défensive.

ESPARPILLA, éparpiller, épandre dru et menu çà et là.

ESBOURGNA, éborgner, rendre borgne.

ESBRANCA, ébrancher, dépouiller un arbre de ses branches.

ESBRANLA, ébranler, donner des secousses à quelque chose.

ESCAILLO, écaille, partie fort dure qui couvre la peau de certains poissons.

ESCARTIÉRA, écarteler, mettre en quatre quartiers.

ESPIN, épine, arbuste dont les branches ont des piquants.

ESPIN BLANC, aubépine.

ESPIN NÉRÉ, prunellier.

ESCOUBO, balai, ustensile pour balayer.

ESCOUBA, balayer, nettoyer avec un balai.

ESCOUBILLOUN, écouvillon, vieux linge attaché à un long bâton pour nettoyer un four.

ESCRASA, v. a., écraser, briser, détruire.

ESCRIOUÉ, écrire, tracer des caractères.

ESCRIOUTORI, écritoire, subst. fém., encrier; meuble qui contient ce qu'il faut pour écrire.

ESCRIOUTURO, écriture, caractères écrits.

ESCROUO, écrou, trou de la vis.

ESCUT, écu, pièce de monnaie qui vaut cinq francs.

ESCUDELLO, écuelle, pièce de vaisselle qui sert à mettre du bouillon, etc.

ESCURA, écurer, nettoyer avec le sable, etc., en parlant de la vaisselle.

ESDENTA, édenter, user les dents d'une scie.

ESDENTAT, édenté, qui n'a plus de dents.

ENGOUEN, onguent, médicament de consistance plus molle que dure et qu'on applique extérieurement.

ESPARRO, échalas, bâton qu'on fiche en terre pour soutenir la vigne et autres arbres.

ECHAFAUDATGÉ, échafaudage, construction d'échafauds.

ESTACA, attacher, serrer avec des liens.

ESCAPA, échapper, s'enfuir, s'esquiver.

ESCAOUDA, échauder, brûler, attraper duper.

ESCAOUHA, échauffer, donner de la chaleur.

ESCUNSOUN, écoinson, pierre qui fait l'encoignure de l'embrasure d'une porte, d'une fenêtre, etc.

ESCOLO, école, lieu où on enseigne les belles-lettres et les sciences.

ESCOULIER, écolier, qui fréquente l'école.

ESCOURCHA, écorcher, dépouiller un animal de sa peau.

ESCOURCHAÏRÉ, écorcheur, qui écorche.

ESCOURNA, écorner, ôter une corne.

ESCOULETZ, effondrilles, la partie grossière qui reste au fond d'un vase.

ESGARRAPIA, égratigner, déchirer la peau avec les ongles.

ESGARRAPIADO, égratignure, blessure faite en égratignant.

ESGRAGNA, égrener, faire sortir le blé de l'épi.

ESCUBEILLÉ, tourbillon, vents qui se heurtent.

ESCURUIL, sonaille, clochette attachée

au cou des bêtes lorsqu'elles paissent ou lorsqu'elles voyagent.

Esmérit, émérillonné, gai, vif, éveillé.

Esgriouailla ou Esgrua, émietter, réduire le pain en miettes.

Esmoulé, émoudre, aiguiser sur une meule.

Espigo, glane, épis de blé qu'on ramasse après la moisson.

Espiga, glaner, action de ramasser des épis.

Espigaïré, glaneur, celui qui glane.

Espia, épier, regarder attentivement.

Esplingo, épingle, petit brin de laiton pointu par un bout et qui est garni d'une tête par l'autre bout.

Espunta, épointer, ôter la pointe.

Espuga, épouiller, ôter les poux.

Espaouen, épouvantail, haillon suspendu pour épouvanter les oiseaux.

Espaouenta, épouvanter, causer de l'épouvante.

Esquarri, équarrir, tailler à angles droits.

Esquaïré, équerre, subst. fém., instrument pour tracer un angle droit.

Espéroun, éperon, pièce de fer qui se met autour des talons et qui est garnie de petites pointes appelées molettes et avec lesquelles on pique les chevaux pour les faire marcher plus vite.

Espéroun, ergot, ongle que les coqs ont derrière la jambe, et que les chiens ont sur le derrière des jambes de devant. *Se lever sur ses ergots,* parler avec colère, avec hauteur.

Escabèlo, escabeau, siége de bois sans bras ni dossier.

Escraoüat, escarbot, insecte noir armé de cornes fort dures qui se resserrent.

Escarcoïl, escargot, espèce de limaçon à coquille.

Espagnouléto, espagnolette, ferrure pour les fenêtres.

Estoc, étau, machine à deux mâchoires servant à plusieurs ouvriers pour tenir serrées les pièces qu'ils travaillent.

Estroupia, estropier, ôter l'usage d'un membre.

Estaï, étain, métal blanc.

Estama, étamer, enduire d'étain le dedans des vaisseaux de cuivre.

Estamaïré, étameur, qui étame.

Eslagét, fléau, instrument qui sert à battre le blé.

Eslouroun, furoncle (terme de chirurgie), espèce de flegmon.

Esbradadé, fourgon, longue perche de bois garnie de fer qui sert à remuer le bois et la braise dans le four.

Eslissa, glisser, passer légèrement sur quelque chose.

Eslissadéro, glissoire, chemin frayé sur la glace pour y glisser.

Esbourrassado, giboulée, pluie soudaine et de peu de durée.

Esloco, hoche, coche, entaillure; marque qu'on fait à une règle pour tenir compte du pain, de la viande, etc., que l'on prend à crédit.

Esteoüo doublo, mancherons, les parties de la charrue qu'on tient avec les mains quand on laboure.

Estiou, été, la plus chaude des quatre saisons de l'année.

Esténé, étendre, déployer en long et en large.

ESTIOUAÏRÉ, estivandier. *Voy. p.* 25.

ESTERNUDA, éternuer, faire un effort avec une respiration violente.

ESTOURNUDET, éternument, action d'éternuer.

ESTÉLO, étoile, corps lumineux qui brille au ciel la nuit.

ESTRANGLA, étrangler, faire perdre la respiration à la vie.

ESTRILLO, étrille, instrument de fer avec lequel on ôte la crasse attachée à la peau et au poil.

ESTRILLA, étriller, frotter avec l'étrille.

ESTRIPA, étriper, ôter les tripes du ventre d'un animal.

ESBENTRÉGA, éventrer, fendre le ventre.

ESTARRUC, batte, maillet de bois pour aplanir un terrain.

ESTRIOU, étrier, espèce d'anneau de fer qui pend à la selle et qui sert à appuyer les pieds du cavalier.

ESTÉROS, copeaux, morceaux de bois tombés sous la hache.

ESLAOUAS, lavasse, pluie qui tombe avec abondance.

ESTUD, étui, sorte de boîte où l'on met ce qu'on veut conserver.

ESTRIA, étrenner, donner des étrennes.

ESCARRADÉ, ratissoire, instrument de fer avec lequel on ratine des allées, des degrés, une cour.

ESCARRADUROS, ratissures, ce qu'on ôte en ratissant.

ESTRET, étroit, serré, lieu peu spacieux.

ESTRÉGNÉ, étrécir, rendre étroit, serrer fortement.

EXAMINA, examiner, regarder attentivement.

F

FA, note de musique.

FABLO, fable, chose feinte et inventée pour instruire.

FABRICATOU, fabricateur, qui fabrique.

FABRICO, fabrique, tout ce qui appartient à une église parroissiale ; façon de certains ouvrages.

FAÇADO, façade, face d'un grand bâtiment.

FACHA, fâcher, mettre en colère, causer du déplaisir.

FACHA (SÉ), se fâcher, se mettre en colère.

FAÇOUN, façon, manière dont une chose est faite, sa forme.

FAÏÇOUNOUS, façonnier, qui est incommode par trop de cérémonies.

FAD, fat, prétentieux, orgueilleux.

FADESSO, fadesse, niaiserie, sotte vanité.

FAÏANÇO, faïence, terre vernissée dont on fait des services de table.

FÉNIAN, fainéant, qui ne veut point travailler.

FAMILLO, famille, toutes les personnes d'une maison ; rang.

FAQUAIN, qui fait le fat, le prétentieux.

FARÇUR, farceur, homme qui fait des bouffonneries.

FARCI, farcir, remplir de farce.

FARDA, farder, mettre du fard, fausses couleurs.

FARDÉOU, fardeau, faix, charge.

FARFOUILLA, farfouiller, fouiller avec désordre.

FARIBOLO, faribole, chose frivole.

FATIGO, fatigue, travail pénible et capable de lasser.

FATIGA, fatiguer, se fatiguer, prendre de la fatigue.

FAOUFILA, faufiler, faire une fausse couture à longs points.

FAOUTO, faute, manquement contre le devoir.

FAOUTUIL, fauteuil, grande chaise à dos et à bras.

FÉNOUIL, fenouil, plante.

FERMA, fermer, clore ce qui est ouvert.

FINESTRO, fenêtre, ouverture faite dans un mur pour donner du jour.

FIANÇA, fiancer, promettre mariage en présence d'un prêtre.

FIANÇAILLOS, fiançailles, promesses de mariage.

FICHA ou HICA, ficher, planter, enfoncer. On se sert du premier pour dire : *Je me fiche de toi, fichu bête.*

FIDÉLITAT, fidélité, foi, loyauté, sincérité, vérité.

FILA, filer, s'en aller, passer le chemin.

FILIÈRO, filière, instrument pour réduire les métaux en fil.

FILLIURO, feuillure, entaillure dans laquelle les portes et les fenêtres s'enfoncent un peu pour fermer juste.

FIOLO, fiole, petite bouteille de verre.

FIXA, fixer, arrêter, déterminer.

FLACOUN, flacon, espèce de petite bouteille.

FLAMBÉOU, flambeau, torche de bois, de cire, qui sert à éclairer.

FLAMBA, flamber, passer par le feu.

FLAÏRA, flairer, sentir par l'odeur.

FLANDRIN, flandrin, homme paresseux, fainéant.

FLASQUÉ, flasque, mou, sans force, sans vigueur.

FLATA, flatter, louer excessivement dans le dessein de plaire.

FLATOUN, flatteur, qui flatte adroitement, qui caresse hypocritement.

FLÈMO, flegme, nonchalance, laisser-aller.

FLOU, fleur, production des végétaux, lustre, éclat.

FLOURI, fleurir, se garnir de fleurs.

FLOURISTO, fleuriste, qui aime les fleurs.

FLOUTA, flotter, être porté sur l'eau sans aller au fond.

FÉ, foi, la première des vertus théologales.

FOUNDRIÈRO, fonderie, lieu où l'on fond du métal.

FOUNDUR, fondeur, qui fond des métaux.

FOUNDO ou FOUNTO, fonte, fer fondu.

FORÇO, force, courage, vigueur, violence. *A force de prières,* en priant beaucoup. *De force,* par violence. *A toutes forces,* absolument. *Il a force argent,* beaucoup d'argent.

FOURÇA, forcer, contraindre, violenter, prendre par force.

FORJO, forge, boutique d'un maréchal, d'un forgeron.

FOURJA, forger, donner de la forme au fer au moyen du feu.

Fouét, fouet, cordelettes de chanvre ou de cuir attachées à un bâton.

Fouétaïré, fouetteur, qui fouette.

Foula, fouler, presser quelque chose qui cède.

Fourchéto, fourchette, ustensile de table. Nom de plusieurs instruments.

Fourgoun, fourgon, espèce de charrette.

Fournéou, fourneau, vaisseau propre à contenir du feu.

Fourni, fournir, pourvoir, garnir, donner.

Fourratgé, fourrage, paille, herbe qu'on donne aux bestiaux.

Fourréou, fourreau, gaîne, étui; ce qui se met sur le fourreau de l'épée pour le garantir de la pluie.

Fourra, fourrer, mettre parmi d'autres choses.

Fracassa, fracasser, briser en plusieurs pièces.

Fracatgé, fracas, rupture avec bruit et violence.

Fresch, frais, froid agréable.

Frescou, fraîcheur, frais agréable, froidure.

Francamen, franchement, d'une manière franche.

Franchi, franchir, passer outre.

Francés, français, né en France. Parler français.

Fraouda, frauder, tromper.

Fraoudo, fraude, tromperie, escroquerie.

Frèyou, frayeur, peur, épouvante.

Fréluquet, freluquet, homme léger, frivole.

Fréquenta, fréquenter, hanter souvent.

Fray, frère, celui qui est né de même père et de même mère, ou de l'un des deux seulement.

Fricandéou, fricandeau, tranche de veau lardée.

Fricasso, fricassée, ragoût.

Fricassa, fricasser, faire cuire avec certains assaisonnements de la viande coupée par morceaux.

Fripoun, fripon, homme qui n'a ni honneur ni probité.

Fripounado, friponnerie, action de fripon.

Frisa, friser, crêper, boucler en parlant des cheveux.

Frisquéto, frisquette (terme d'imprimerie), châssis qui empêche que ce qui doit demeurer blanc ne soit maculé.

Fred, froid, qualité opposée au chaud; air sérieux et composé. A fred, à froid, sans mettre au feu.

Frédou, froideur, qualité de ce qui est froid.

Frouilla, froisser, meurtrir, chiffonner.

Froumatgé, fromage, laitage caillé et égoutté.

Fioula, siffler, faire un sifflet.

Fioulaïré, siffleur, qui siffle habituellement.

Flich, loquet, sorte de fermeture fort simple.

Crouchet de flich, mentonnet, crochet qu'on attache dans l'embrasure des portes ou sur leurs montants, pour recevoir le bout du battant des loquets.

Frounci, froncer, plisser, replier.

Frount, front, partie supérieure du visage.

FROUNTIÈRO, frontière, limites, confins d'un pays.

FRÉTA, frotter, passer plusieurs fois les mains sur quelque chose.

FUMAÏRÉ, fumeur, qui fume habituellement.

FUMA, fumer, prendre du tabac en en fumée.

FURIOUS, furieux, qui est en furie.

FUSILL, fusil, arme à feu.

FUSILLA, fusiller, tuer à coups de fusil.

FRUT, fruit, production des arbres et des plantes.

FRUTÈ, fruitier, qui porte du fruit.

FURÈT ou HURÈT, furet, petit animal roux ou grisâtre qui prend les lapins et les poules.

FUMÈT, fumet, vapeur agréable qui sort de certains vins ou de certaines viandes.

G

GALO, gâle, maladie de la peau.

GALOUS, gâleux, qui a la gâle.

GALANTIN, galantin, homme ridiculement galant auprès des femmes.

GALANT, galant, agréable, qui cherche à plaire aux dames.

GALATRAS, galetas, logement au plus haut étage d'une maison.

GATGÉ, gage, ce qu'on met entre les mains de quelqu'un pour sûreté d'une dette.

GATJA, gager, parier.

GAGNO DINÉ, gagne denier, homme qui gagne sa vie par le travail de son corps sans avoir de métier.

GAGNO-PAN, gagne-pain, ce qui fait subsister quelqu'un.

GAGNO-PÈTIT, gagne-petit, remouleur, celui qui repasse les couteaux, etc.

GAÏ, geai, oiseau.

GAILLARD, gaillard, joyeux, fort, robuste.

GAÏ, gain, profit, lucre, succès, avantage.

GALÈTO ou COCO D'ABAN PALO, galette, gâteau plat qui se fait avant d'enfourner le pain.

GALOUPA, galoper, aller au galop, courir.

GAMBADO, gambade, saut sans cadence.

GANACHO, ganache, mâchoire inférieure du cheval.

GANGRÈNE, gangrène et mieux cangrène, mortification d'une partie du corps.

GOUANT, gant, ce qui est fait sur la forme de la main et qui sert à la couvrir toute et chaque doigt en particulier. *Mettre des gants,* se ganter.

GARÇO, garce, femme ou fille débauchée ou publique.

GARÇOUN, garçon, enfant mâle, valet, ouvrier qui travaille chez un maître.

GARDO, garde, homme qui fait la guerre.

GARDO-MINJA, garde-manger, lieu pour serrer de la nourriture et autres choses.

GARDO-ROBO, garde-robe, lieu où l'on garde les habits, le linge, etc.

GARDA, garder, conserver, veiller sur.

GARÉNO, garenne, lieu où l'on conserve des lapins.

GARGALISA, gargariser, se laver la gorge avec quelque liqueur.

GARGOTO, gargote, endroit où l'on donne à manger à bas prix.

GARGOUTATGÉ, gargotage, repas malpropre ou viande mal apprêtée.

GARGOUILLO, gargouille, endroit d'une goutière par où l'eau tombe.

GARLIMAN, garnement, libertin, vaurien.

GARNI, garnir, pourvoir de ce qui est nécessaire pour la commodité, l'ornement, etc.

GASPILLA, gaspiller, qui gaspille.

GAT, chat, animal qui prend les rats, les souris, etc.

GAT-PUD, chat-pard, animal quadrupède.

GAHUS, hibou, oiseau nocturne.

GAOUÉCO, chouette, oiseau de nuit.

GAOUCHO, gauche, qui est opposé à droit.

GAOUCHÉ, gaucher, qui se sert ordinairement de la main gauche.

GAZOUILLA, gazouiller, faire un petit bruit, doux et agréable, tel que celui d'un ruisseau.

GÉLADO ou TOURRADO, gelée, grand froid qui glace l'eau, etc.

GÉLA, geler, glacer, causer du froid.

GENDRÉ, gendre, celui qui a épousé la fille de quelqu'un.

GÉNA, gêner, incommoder, contraindre les mouvements du corps.

GIMBRÉ, genevrier, genièvre, arbuste.

GENIÈBRÉ, genièvre, baies de genevrier.

GARBÈRO, gerbière ou meule, tas de foin, de froment ou d'avoine, auquel on donne une forme pyramidale et qu'on couvre de paille longue pour les conserver.

GIMBÉLET, gibelet, espèce de petit foret.

GIBIÉ, gibier, animaux qu'on prend à la chasse.

GIGOT, gigue, cuisse de mouton.

GILET, gilet, partie du vêtement de l'homme.

GILIBRÉ, givre, glace, frimas qui s'attache aux arbres, aux buissons.

GLAN, gland, fruit du chêne.

GOUBELET, gobelet, vase rond sans anses.

GOUBA, gober, avaler avec avidité, se saisir de quelque chose.

GORJO, gorge, la partie du devant du cou.

GOUJAT, goujat, valet de cavalier.

GOUÏNO, gouine, coureuse, prostituée.

GOURGO, gour, creux produit par une chute d'eau.

GOURMÉTO, gourmette, chaînette de fer qui tient à l'un des côtés du mors du cheval.

GOURMETTA, gourmer, mettre la gourmette à un cheval.

GOUSCH, goût, saveur des aliments, inclination pour certaines choses.

GOUSTA, goûter, discerner les saveurs par le goût.

GOULA, fanon, peau qui pend sous la gorge d'un bœuf, d'un taureau, etc.

GOUTÈRO, gouttière, canal par où les

eaux de la pluie coulent de dessus les toits.

GRAN, grain, fruit du froment, du seigle, etc.

GRAGNO, graine, fruit de certaines plantes.

GRÈCHO, graisse, substance huileuse qui se trouve dans le corps de certains animaux.

GRÉCHOUS, graisseux, qui est de la nature de la graisse.

GRAS, gras, qui a beaucoup de graisse.

GRATA, gratter, passer les ongles ou quelque chose de semblable sur l'endroit où il démange.

GRAOUÈLO, gravelle, maladie causée par du sable ou du gravier qui fait obstruction dans les reins.

GRABIÉ, gravier, gros sable mêlé de petits cailloux.

GRÉLO, grêle, eau de pluie qui étant congelée en l'air tombe par grains.

GRÉLA, grêler; il se dit quand il tombe de la grêle.

GRÉLO, grelot, petite sonnette de métal, creuse et ronde.

GRÉ, grenier, partie d'une maison destinée à serrer des grains.

GROUILLO, grenouille, petit animal amphibie.

GRANISSO, grésil, petite grêle fort dure.

GRANISSA, grésiller. *Il grésille.*

GRAOUÉ, grève, lieu uni et plat couvert de gravier, le long de la mer ou d'une rivière.

GRIÈCHO ou PIE-GRIÈCHE, genre de pie.

CABOSSO-PIGO, oiseau qu'on prend aux trébuchets.

GRIFFO, griffe, ongle pointu et crochu de certains animaux.

GRIFOUGNA, griffonner, écrire mal, dessiner grossièrement.

GRIFOUNATGÉ, griffonnage, écriture mal formée.

GRILLO, gril, subst. m., ustensile de cuisine.

GRILLA, griller, rôtir sur un gril, brûler.

GRILLAT, grille, barreaux de fer, de bois, etc., qui se traversent les uns les autres.

GRILLOUN, grillon, petit insecte des prairies.

GRIMAÇO, grimace, contorsion du visage.

GRIMAÇA, grimacer, faire des grimaces.

GRIMAÇOUS, grimacier, qui fait ordinairement des grimaces.

GRIMPA ou ARRAPA, grimper, gravir, monter en quelqu'endroit en s'aidant des pieds et des mains.

GRIOT ou AGRIOT, griotte, grosse cerise dont la queue est fort courte.

GRIOUTÉ ou AGRIOUTÉ, griottier, arbre qui porte des griottes.

GRISASTRÉ, grisâtre, qui tire sur le gris.

GRISA ou ENGRISA, griser, faire boire quelqu'un jusqu'à le rendre demi-ivre.

GRISOUN, grison, qui est gris. (Il ne se dit que du poil.)

GRISÉJA, grisonner, devenir grison.

GRIOUO, grive, oiseau.

GRIOUAT, grivois, il se dit d'un soldat éveillé.

GROUGNA, grogner, il se dit du cri du

cochon ; témoigner du mécontentement par un bruit sourd.

GROUGNOUN, grogneur, qui grogne par mécontentement.

GROUNDA, gronder, murmurer, se plaindre entre les dents.

GROUSSIÉ, grossier, rude, mal poli, rustique. On souffre l'impoli dans le commerce du monde, on évite le grossier, on ne se lie pas avec le rustique.

GROUSSIÉRÉTAT, grossièreté, rudesse, manque de politesse.

GROUSSI, grossir, rendre gros.

GROUILLA, grouiller, remuer, fourmiller.

GOUAÏRÉ ou GAÏRÉ, pas beaucoup. *N'ey gayré sabent*, il n'est guère savant.

GUIGNA, guigner, fermer à demi les yeux en regardant du coin de l'œil.

GUIGNA, viser, mirer, regarder un but pour y adresser un coup d'arme à feu, un coup de pierre.

GUÊRET, guéret, terre labourée et non ensemencée.

GARÏ ou GOUARÏ, redonner la santé, délivrer de la maladie.

GARISOUN, guérison, recouvrement de la santé.

GUERRO, guerre, différend entre deux princes qui se poursuivent par la force de leurs armes.

GUERRÉYA, guerroyer, faire la guerre.

GUERRÉYAÏRÉ, guerroyeur, celui qui fait la guerre.

GUÊTROS ou GUÉTROUS, guêtres, sorte de chaussure, depuis le genou jusqu'en enbas. *Sé bouta las guêtros*, se guêtrer.

GULAÏRÉ, gueulard, celui qui a l'habitude de parler fort haut et beaucoup.

GULO, gueule, la bouche des animaux. On dit aussi la gueule d'un four, d'une cruche, d'un sac.

GUS, gueux, indigent réduit à mendier. Il est aussi substantif et signifie coquin.

GUSAILLO, gueusaille, multitude de gueux.

GUSO, gueuse, femme de mauvaise vie.

GUIDO, guide, qui accompagne quelqu'un pour lui montrer le chemin.

GUIDA, guider, conduire dans un chemin, diriger, donner des avis.

GUILLAOUMÉS, guillaume, sorte de rabot.

. GUILLOUTINO, guillotine, instrument de supplice inventé pour trancher la tête.

GUILLOUTINA, guillotiner, trancher la tête par le moyen de la guillotine.

GUI-MAOUGO ou MAOUGO-BIT, guimauve, plante que l'on emploie comme remède émollient.

GUITARRO, guitare, instrument de musique.

GÉ, hier, jour qui précède immédiatement le jour où l'on est.

GUIROUNDÉLO, hirondelle, oiseau de passage.

GAILLOT, jabot, espèce de poche que les oiseaux ont sous la gorge et où la nourriture séjourne quelque temps avant de descendre dans l'estomac.

GAOÜZA ou GOUZA, oser, avoir la hardiesse de faire, de dire quelque chose.

GARLAMÉRO, tranchée-artère, canal qui conduit l'air aux poumons.

GNAOULA, japper, aboyer. Il se dit du cri des petits chiens.

Garroutièro , jarretière , courroie dont on lie ses bas.

Gaouèro, javelle , plusieurs poignées de blé scié, qui demeurent coupées sur les sillons jusqu'à ce qu'on en fasse des gerbes.

Gaoujo, jauge, la juste mesure que doit avoir un vaisseau fait pour contenir quelque liqueur ou quelque grain ; verge de bois ou de fer divisée par pieds, par pouces et par lignes, avec laquelle on mesure la longueur et la largeur de la futaille.

Gaïroto, lentille, plante ; sa semence; verre concave de deux côtés ; poids du pendule.

Geïro, lierre, arbrisseau grimpant.

H

Habilla, habiller, vêtir, faire un habit.

Hacho, hache, instrument tranchant.

Hacha, hacher, couper en petits morceaux.

Hachéto ou Picouléto, hachette, petite hache.

Hachis, hachis, mets fait de viande ou de poissons hachés.

Hachouer ou Picadéro, hachoir, petite table sur laquelle on hache la viande, etc.

Hala, haler, souffler ; il signifie aussi souffler sur ses doigts pendant l'hiver.

Ha, interjection de surprise. Les laboureurs s'en servent pour faire marcher les bœufs.

Halo, halle, place publique où l'on tient le marché.

Haméou, hameau, petit nombre de maisons écartées du lieu où est la paroisse.

Hancho, hanche, partie dans laquelle le haut de la cuisse est emboîté.

Hanétoun, hanneton, insecte ailé ressemblant un peu à un escarbot, mais de couleur un peu rousse.

Haillasso, gerçure, fentes aux lèvres, aux mains, dans le bois.

Hanta, hanter, fréquenter ; visiter souvent et familièrement quelqu'un.

Hajolo, hêtre, arbre des forêts.

Hajos, frêne.

Hamé, faim , désir et besoin de manger.

Hamino, famine, disette.

Hanco, fange, boue.

Hanca, bourbier, lieu plein de fange.

Hancous, fangeux, plein de fange.

Harïo, farine, grain réduit en poudre.

Harious , farineux , qui est blanc de farine.

Haous , faucille , instrument pour couper les blés.

Haouo, fève, plante légumineuse.

Haouré , forgeron , qui forge le fer , etc.

Hajino, fouine, animal à quatre pattes.

Harago, fraise, fruit du fraisier.

Haragué , fraisier , plante qui porte des fraises.

Hagiou, frésil, cendre du charbon de terre dans une forge.

Harcéla, harceler, agacer, provoquer

Hardo, hardes, tout ce qui est de l'usage ordinaire pour l'habillement.

Hardit, hardi, courageux, assuré, effronté.

Hardiesso, hardiesse, courage, assurance.

Hardidamen, hardiment, avec hardiesse, librement.

Harpo, harpe, instrument de musique.

Hazarda, hasarder, s'exposer au péril, risquer, exposer à la fortune.

Hasandous, hasardeux, hardi, périlleux.

Hé, faire, produire, fabriquer, composer, exécuter, etc.

Hech, faix, charge, fardeau.

Her, fer, métal fort dur.

Herra, ferrer, garnir de fer; ferrer les chevaux.

Herraïré, ferreur, qui ferre.

Herraduro, ferrure, garniture de fer.

Héou, fiel, liqueur jaunâtre et amère qui se sépare dans le foie.

Héouré, février, second mois de l'année.

Hesto, fête, jour consacré au Seigneur.

Hén, foin, herbe fauchée et séchée.

Heïro, foire, grand marché public qui se tient en certains temps.

Hérèchou, frêne, arbre qui produit les cantarides.

Herléquét, fréluquet, homme léger, frivole.

Herbatgé, herbage, toute sorte d'herbes.

Herbéto, herbette, herbe courte et menue.

Hé ou Hep, interjection qui sert principalement à appeler.

Hectaro, hectare, mesure de superficie égale à 100 ares. Il vaut un peu moins que 196 perches carrées, de 22 pieds de côté, ce qui revient, à peu près, à deux arpents.

Hectogramo, hectogramme, mesure de poids égale à 100 grammes. Il vaut un peu moins de 3 onces 2 gros 11 grains.

Hectolitro, hectolitre, mesure de capacité égale à 100 litres; il vaut un peu plus de 105 pintes ou un peu moins de 8 boisseaux.

Hectomestré, hectomètre, mesure de longueur égale à 100 mètres; il vaut un peu moins de 51 toises 1 pied 10 pouces 1 ligne 3/5.

Hiéja, faner, tourner et retourner l'herbe d'un pré pour la faire sécher.

Hiéjaïré, faneur, celui qui fane, qui fait sécher le foin.

Hiza, fier, commettre à la fidélité de quelqu'un.

Higo, figue, le fruit du figuier.

Higué, figuier, arbre qui porte des figues.

Hila, filer, faire du fil.

Hilasso, filasse, filaments qu'on tire de l'écorce du chanvre.

Hilaïro, fileuse, femme ou fille dont le métier est de filer.

Hiou, fil, petit brin long et délié qui se tire de l'écorce du chanvre.

Hiqua, ficher, faire entrer par la pointe; il se dit d'un pieu qu'on enfonce en terre.

Hillo, filleul, celui qui a été tenu sur

les fonts du baptême , par rapport au parrain et à la marraine qui l'ont tenu.

Hill, fils ; il se dit d'un enfant mâle, par rapport au père et à la mère.

Hitgé, foie, un des viscères de l'animal servant à secréter la bile.

Hiem ou Chem, fumier, paille qui a servi à faire la litière et qu'on met en un tas pour fumer la terre.

Hila, hennir (on prononce *hannir*). Il se dit du cheval quand il fait son cri ordinaire.

Hic, hic, c'est ce qu'il y a de plus difficile dans une affaire.

Hissadé, hie (le *h* s'aspire), instrument pour enfoncer le pavé. On l'appelle aussi *demoiselle*. Le mouton avec lequel on enfonce les pilotis se nomme aussi *hie*.

Hic, verrue, excroissance sur la main qui ne dépasse guère la peau.

Houy, fenouil, plante.

Houeillo, feuille, partie de la plante qui en garantit la tige.

Houeillac, feuillée, qui est garni de feuilles ; les feuilles en totalité.

Houeillo d'un libé, feuillet, partie d'une feuille de papier qui contient deux pages.

Hol, fou, qui a perdu la raison.

Houlistran, folâtre, qui s'amuse à badiner, qui ne cesse de s'amuser.

Houléja, badiner, folâtrer, s'amuser.

Houné, fondre, liquéfier une substance solide.

Houn, fontaine, eau vive qui sort de de terre, vaisseau où l'on garde de l'eau.

Hountanier, fontainier, qui va puiser de l'eau à la fontaine.

Houssé, houe, instrument de fer qui a un manche et qui sert à remuer la terre.

Houssaïré, fossoyeur, celui fait les fosses.

Hournèro, fournil, lieu où est le four et où l'on pétrit la pâte.

Hour, four, lieu voûté où l'on fait cuire le pain.

Hourco, fourche, instrument de bois ou de fer à branches pointues par le bout.

Hourcoun, fourchon, petite fourche.

Hourmigo, fourmi, insecte.

Hourmiguè, fourmilière, lieu où se retirent les fourmis.

Hourouno, fronde, tissu de cordes avec quoi on lance des pierres.

Hounto, honte, trouble excité dans l'âme par l'idée de quelque déshonneur.

Hourquétos, nille, petit filet qui sort du bois de la vigne et qui s'accroche aux sarments.

Hus, fuseau, petit instrument de bois dont les femmes se servent pour filer.

Hum, vapeur épaisse qui sort des choses brûlées ou chaudes.

Huma, fumer, jeter de la fumée.

I

Idéal ou Idial, idéal, qui existe dans l'idée, qui n'existe que dans l'entendement.

Idéo, idée, perception de l'âme.

Idoulatro, idolâtre, qui adore les idoles, les créatures.

IDOULATRIO, idolâtrie, adoration des idoles.

IERBUT, herbu, lieu couvert d'herbe.

IERBO, herbe, toute plante qui perd sa tige en hiver.

IGNOMINIO ou IGNOMIO, ignominie, infamie, grand déshonneur.

IGNOURA, ignorer, ne savoir pas.

IGNOURENCIO, ignorance, défaut de connaissances.

ILO, île, espace de terre entouré d'eau de tout côté.

ILLUMINA, illuminer, éclairer, répandre de la lumière.

ILLUSIOUN, illusion, apparence trompeuse.

ILLUSTRA, illustrer, rendre illustre.

IMATGE, image, représentation de quelque chose.

IMAGINA, imaginer, former quelque chose dans son esprit.

IMBÉCILÉ, imbécile, faible d'esprit.

IMITATOU, imitateur, qui imite.

IMITA, imiter, suivre l'exemple de quelqu'un, prendre quelqu'un pour modèle.

IMMACULAT, immaculé, qui est sans tache.

IMMANCABLÉ, immanquable, qui ne peut manquer d'être.

IMMENSAMEN, immensément, d'une manière immense.

IMMOUDESTÉ, immodeste, qui manque de pudeur.

IMMOULA, immoler, offrir en sacrifice.

IMMOURTÉLO, immortelle, plante; sa fleur.

IMPAR, impair, qui n'est pas pair.

IMPARFAITAMEN, imparfaitement, d'une manière imparfaite.

IMPÉNITENÇO, impénitence, endurcissement dans le péché.

IMPERFECTIOUN, imperfection, défaut, manquement.

IMPÉRIOUS, impérieux, altier, hautain.

IMPERTINEN, impertinent, qui parle contre la bienséance.

IMPERTINENÇO, impertinence, parole ou action contre la bienséance; sottise.

IMPLOURA, implorer, demander avec ardeur.

IMPOURTUN, importun, fâcheux, incommode.

IMPOURTUNITAT, importunité, action d'importun.

IMPOUTÉN, impotent, estropié, privé de l'usage de quelque membre.

IMPRESSIOUN, impression, effet de l'action d'un corps sur un autre.

IMPRESSIOUNA, impressionner, faire impression.

IMPRIMA, imprimer, faire une empreinte sur quelque chose.

IMPRUDENÇO, imprudence, défaut de prudence.

IMPUDENÇO, impudence, effronterie, manque de pudeur.

INACOUSTUMAT, inaccoutumé, que l'on n'a pas coutume de faire ou de voir.

INANIMAT, inanimé, qui n'a point d'âme.

INAPERCÉBUT, inaperçu, qui n'est point aperçu.

INATENDUT, inattendu, qu'on n'attendait pas.

INCOUMOUDA, incommoder, causer de l'incommodité.

INCOUNGRUITAT, incongruité, faute contre la bienséance.

INCOUMOUDITAT, incommodité, peine que cause une chose incommode.

INCLINATIOUN, inclination, action de s'incliner sur quelque chose ; disposition naturelle, affection, amour.

INCOUNSOULABLÉ, inconsolable, qu'on ne peut consoler.

INCORRUPTIBLÉ ou INSOLUBLÉ, incorruptible, qui ne peut se corrompre.

INDITNÉ, indigne, qui n'est point digne.

INDIGNITAT, indignité, qualité odieuse par laquelle on est réputé indigne d'un emploi.

INDIQUA, indiquer, montrer, marquer.

INDISPOUSAT, indisposé, qui a une légère incommodité.

INFIRMITAT, infirmité, maladie habituelle.

INGÉNIOUS, ingénieux, plein d'esprit et d'adresse.

INGÉNIA, s'ingénier, tâcher de trouver dans son esprit quelque chose pour réussir.

IBROGNO, ivrogne, qui s'enivre souvent.

IBROUGNA, ivrogner, boire avec excès et souvent.

J

JABOT, jabot, dentelle ou bande de mousseline attachée à l'ouverture d'une chemise au devant de l'estomac.

JACHÈRO, jachère, terre qu'on laisse reposer.

JALOUN, jalon, perche qu'on plante en terre pour prendre des alignements.

JALOUNA, jalonner, planter des jalons de distance en distance.

JALOUDIO ou JALOUSIO, jalousie, peine, chagrin qu'on a de ce que quelqu'un de nos semblables a plus que nous.

JALOUS, jaloux, qui a de la jalousie, envieux.

JAMÉS, jamais, en aucun temps.

JARDINATGÉ, jardinage, l'art de cultiver les jardins.

JARDINÉ, jardinier, celui dont le métier est de travailler aux jardins.

JARGOUN, jargon, langage corrompu.

JAOUNÉ, jaune, qui est de couleur d'or, de citron, de safran.

JAOUNASTRÉ, jaunâtre, qui tire sur le jaune.

JOU, je, pronom de la première personne.

JÉTA, jeter, lancer avec la main ou avec quelque autre chose.

JOC, jeu, divertissement, récréation ; les instruments de certains jeux ; jeu de boules.

JOUEN, jeune, qui n'est guère avancé en âge.

JOUÉNESSO, jeunesse, cette partie de la vie de l'homme qui est entre l'enfance et l'âge viril.

JOUÈ, joie, contentement, bonheur.

JOUÉGNÉ, joindre, faire toucher deux choses, unir, allier, atteindre, attraper.

JOUÈNTS ou JÉINTS, joint, l'endroit où deux choses se joignent ; il se dit surtout des pierres, des pièces de menuiserie.

JUNTO, jointée, autant que les deux mains ensemble peuvent contenir.

Jun, jonc, plante.

Jounquillo, joncquille, fleur jaune printanière.

Jouo, joue, la partie du visage de l'homme au-dessous des tempes et des yeux et qui s'étend jusqu'au menton. *Coucher en joue,* ajuster son fusil pour tirer sur quelqu'un ou sur quelque chose.

Jouga, jouer, se récréer, s'ébattre, folâtrer.

Jougaïré, joueur, qui joue, qui a la passion du jeu, qui fait le métier de jouer.

Jour ou Dio, jour, lumière du soleil, espace de vingt-quatre heures, vie, durée.

Journalié, journalier, qui se fait chaque jour. Il est aussi substantif, et signifie un homme travaillant à la journée.

Journado, journée, l'espace qui s'écoule depuis l'heure où on se lève, jusqu'à l'heure où on se couche. Le travail d'un ouvrier pendant un jour; le salaire du travail pendant un jour.

Jouqué, juchoir, l'endroit où juchent les poules.

Jutgé, juge, qui a le droit, l'autorité pour juger.

Jutja, juger, rendre la justice.

Jutjamen, jugement, décision prononcée en justice.

Judioü, juif, méchant, cruel, homme qui pratique la religion juive.

Juil, juillet, le septième mois de l'année.

Juin, juin, le sixième mois de l'année.

Juramen, jurement, serment qu'on fait en vain et sans nécessité, blasphème, imprécation.

Juraïré, jureur, qui jure beaucoup.

Juroun ou Arnéc, juron, certaine façon affectée de jurer.

Justacor, justaucorps, vêtement à manches qui descend jusqu'aux genoux et qui serre le corps.

Justé, juste, dans la juste proportion, comme il faut.

Justamen, justement, avec justice, dans la juste proportion.

Justisso, justice, bon droit, raison. Il se prend souvent pour les officiers et magistrats qui rendent la justice.

Justifica, justifier, montrer, prouver qu'un accusé est innocent.

K

Kaborro, kermès, petite excroissance de couleur rouge qu'on trouve sur le chêne vert et qui est formée par la piqûre d'un insecte qui fait extravaser le suc de cet arbre. Il sert pour teindre en écarlate et s'emploie aussi dans la médecine.

Kilogramo, kilogramme, mesure de pesanteur égale à 1000 grammes. Il vaut à peu près 2 livres 6 gros.

Kilolitro, kilolitre, mesure de capacité égale à 1000 litres ou au mètre cube. Il vaut un peu plus de 3 muids

3/5, mesure de liquides, ou de 78 boisseaux 3/4.

KILOMÈTRE, kilomètre, mesure itinéraire égale à 1000 mètres, il vaut environ 513 toises, ce qui est un peu moins que le quart de lieue.

KIRIELLO, kirielle, longue suite de choses ennuyeuses.

KRIET ou PASSADÉ, crible, instrument pour nettoyer le blé.

L

LABOU, labour, la façon que l'on donne à la terre en la labourant; terre en labour, préparée pour recevoir la semence.

LABOURABLE, labourable, terre propre à être labourée.

LABOURATGÉ, labourage, l'art de labourer la terre; il signifie aussi l'ouvrage du laboureur.

LABOURUR ou LAOURÀYRÉ, laboureur, celui qui laboure ou fait métier de labourer la terre.

LABOUS ou LABEUR, travail. En terme d'imprimerie, il se dit d'un ouvrage considérable et tiré en grand nombre.

LA É LA, là, là, médiocrement. *Est-il savant? là, là.*

LACHA, lâcher, laisser aller tout à fait; faire qu'une chose ne soit plus si tendue, si serrée.

LACHÉ, lâche, qui n'est pas tendu, qui ne serre point; mou, qui manque de vigueur et d'activité.

LACÉT ou ENCÉDOUN, lacs, corde de crin avec laquelle on prend les perdrix, les lièvres.

LADRÉ, ladre, attaqué de lèpre; insensible soit d'esprit, soit de corps.

LAN, laine, ce qui couvre la peau des moutons et de quelques autres bêtes.

LANATGÉ, lainage, marchandise de laine.

LANDRÉ, chenet, ustensile de cuisine.

LANTERNO, lanterne, ustensile de verre, de corne, etc.

LANGUI, languir, souffrir un supplice lent.

LANGOU, langueur, état d'une personne qui languit.

LANÇA, lancer, presser fortement, lancer des coups d'aiguillons.

LANÇO, lance, arme d'hast, à long bois, qui a un fer pointu et qui est fort grosse vers la poignée.

LAMPIOUN, lampion, petite lampe dont on se sert dans les illuminations.

LAMPO, lampe, vase où l'on met de l'huile avec une mèche pour éclairer.

LAMO, lame, table de métal fort plate; le fer d'un couteau, d'une épée, d'un canif.

LAMBRUSCO, lambruche ou lambrusque, vigne sauvage.

LATO ou CRABACHO, gaule, houssine, petit bâton avec lequel on mène le cheval.

LÈBÉ, lièvre, animal fauve.

LÈBÉ, femelle, hase, la femelle du lièvre.

Lécha ou Décha, laisser, quitter, mettre en dépôt, abandonner.

Leï, lait, liqueur blanche qui se sépare dans les mamelles des femmes et dans celles des femelles des animaux vivipares, suc de certaines plantes.

Leïtatgé, laitage, tout ce qui se fait de lait, beurre, crême, fromage.

Leïtug, laiteron, plante dont la tige contient un suc blanc, ressemblant au lait.

Leïtugo, laitue, herbe potagère.

Leïtassèro, laitière, femme qui fait métier de vendre du lait.

Leïtoun, laiton, sorte de cuivre jaune.

Lengatgé, langage, idiome, manière de parler d'une nation, discours, style, manière de parler.

Lengo, langue, partie charnue et mobile qui est dans la bouche de l'animal.

Lengo d'aouco, plantin, plante qui sert en médecine.

Lengo dé bouc, langue de bouc; c'est la vipérine.

Lengo dé cer, scolopendre, plante.

Lenguetto, languette, certaine petite pièce de métal qui se hausse et se baisse et bouche un trou aux instruments à vent.

Lengo dé can, cynoglosse, plante.

Lenga, langueyer, visiter la langue d'un porc pour voir s'il est sain ou ladre.

Lengaïré, langueyeur, celui qui est commis pour langueyer les porcs.

Léca, lécher, passer la langue sur quelque chose.

Léougé, léger, qui ne pèse guère, agile, délicat, volage, superficiel.

Léougéramen, légèrement, d'une manière légère.

Léougérétat, légèreté, qualité de ce qui est léger, inconstance, imprudence.

Légitimo, légitime, qui a les qualités requises par la loi. Portion d'héritage assuré par la loi.

Léchiouatgé, lessivage, blanchissage par la lessive.

Leschioü, lessive, eau de cendre pour lessiver le linge.

Léchioua ou Hé la Bugado, lessiver, mettre à la lessive, nettoyer au moyen de la lessive.

Léouadé, levain, ce qui cause une fermentation.

Léoua, lever, dresser, hausser, sortir de terre.

Lébié, levier, barre pour lever.

Lébraou, levreau, jeune lièvre.

Lègo, lieue, mesure de distance, 5000 mètres.

Libéra, libérer, décharger de quelque obligation, délivrer, affranchir.

Libertat, liberté, pouvoir d'agir ou de n'agir pas, indépendance, droit de faire tout ce qui n'est pas défendu par la loi.

Liga, lier, serrer, attacher avec un lien.

Ligaïré, lieur, qui lie les gerbes.

Ligno, ligne, trait simple; rangée de mottes; cordeau pour tracer; douzième partie du pouce.

Limac, limaçon, insecte rampant sans coquille.

Limaco, limace, limaçon sans coquille.

Limaillo, limaille, ce que la lime fait tomber.

Limounièro, limonière, brancard de voiture.

Licou, liqueur, substance liquide et fluide, boisson dont la base est l'eau-de-vie ou l'esprit de vin.

Liétro, liseron ou liset, plante.

Lisièro, lisière, l'extrémité de la largeur d'une étoffe, bandes d'étoffe ou de cordons.

Liouro, livre, poids de 16 onces environ, monnaie de compte valant vingt sous.

Lioüra, livrer, mettre une chose au pouvoir, en la possession de quelqu'un.

Libertin, libertin, débauché, déréglé.

Libertinatgé, libertinage, dérèglement de vie.

Loc, lieu, endroit, place, rang, (au pluriel) latrines.

Loutja, loger, habiter, demeurer dans une maison, donner le couvert à quelqu'un dans son logis.

Lougàtari, locataire, qui tient une maison ou portion de maison à louage.

Loutjamen, lieu où on loge ordinairement.

Louè, loi, règle qui oblige les hommes à certaines choses, ou leur en défend d'autres.

Louï ou Louen, loin, distance fort éloignée de l'endroit où l'on est.

Lounjo, longe, morceau de cuir coupé en long, en forme de courroie.

Loungou, longueur, extension d'une chose en long.

Louanja, louanger, donner des louanges.

Louïro, loutre, animal amphibie.

Loubo, louve, la femelle du loup.

Loubatier, louvetier, officier de la maison du roi, qui commande l'équipage pour la chasse du loup.

Loubat, louveteau, petit loup qui est encore sous la mère.

Loubo, lucarne, ouverture pratiquée au toit d'une maison pour donner du jour au grenier.

Luoü, lueur, clarté faible ou affaiblie.

Luzi, luire, éclairer, répandre de la lumière.

Luts, lumière, clarté, splendeur, ce qui éclaire et qui rend les objets visibles.

Luminari, luminaire, terme collectif sous lequel on comprend les torches et les cierges dont on se sert à l'église pour le service divin.

Lapa ou Aglapa, laper, boire en tirant l'eau avec la langue. Il ne se dit proprement que du chien.

Lapin, lapin, animal sauvage.

Lapinot, lapereau, petit lapin.

Lapino, lapine, femelle du lapin.

Lar, lard, cette partie grasse qui est entre la peau et la chair du porc.

Larda, larder, mettre des lardons dans la viande. *Un tros dé lar*, lardon, petit morceau de lard coupé en long, dont on pique les viandes.

Luo, lune, planète qui est plus proche de la terre que toutes les autres.

Lunéto, lunette, verre taillé de telle sorte qu'il soulage la vue.

Luta, lutter, se prendre corps à corps avec quelqu'un pour le porter par terre.

Luzerno, luzerne, plante.

Luzerna, luzernière, terre semée de luzerne.

Larénier ou Jet d'Aïgo, larenier, pièce de bois qui avance au bas d'un châssis pour empêcher que l'eau ne coule dans l'intérieur d'un bâtiment.

Largé, large. Il se dit d'un corps considéré dans l'extension qu'il a d'un de ses côtés à l'autre.

Larjou, largeur, état de ce qui est large.

Laïrou, larron, qui dérobe en cachette.

Las, las, fatigué, qui n'en peut plus.

Latinisa, latiniser, donner une inflexion latine à un mot.

Latrinos, latrines, retrait, privé.

Lato, latte, pièce de bois de fente longue, étroite et plate, que l'on cloue sur des chevrons pour porter la tuile ou l'ardoise, ou pour servir à des cloisonnages ou à des lambris.

Lata, latter, garnir de lattes. *Pilo de lato;* lattis, arrangement de lattes sur un comble.

Laouaïro, lavandière, femme qui lave la lessive.

Labasso, lavasse, pierre plate dont on se sert ordinairement pour couvrir les aqueducs.

Laouassado ou **Eslaouas**, lavasse, pluie subite et impétueuse.

Laoua, laver, nettoyer avec quelque liquide.

Laouamen, lavement, remède liquide qu'on introduit dans le corps par l'anus.

Laouéto, lavette, linge pour laver la vaisselle.

Laouadé, lavoir, lieu où on lave, machine à laver.

Laouaduro, lavure, eau qui a servi à laver.

Lichéfrito, léchefrite, ustensile de cuisine dont on se sert pour recevoir le jus du rôti.

M

Machino, machine, instrument propre à faire mouvoir, à tirer, lever, traîner, lancer quelque chose; intrigue, ruse, adresse d'esprit.

Machina, machiner, former quelque mauvais dessein.

Maçoun, maçon, ouvrier qui fait tous les ouvrages de bâtiment.

Maçouna, maçonner, travailler à un bâtiment en pierre, brique, plâtre, moëllon.

Mailluco, maque, instrument propre à briser le chanvre.

Mailla, maquer, briser avec la maque.

Mai, mai, le cinquième mois de l'année; arbre qu'on plante le premier jour de mai devant la porte de quelqu'un pour lui faire honneur.

Mailluc, mailloche, gros maillet de bois.

Mailléto, maillet, marteau à deux têtes, ordinairement de bois.

Magré, maigre, qui n'a point de graisse ou qui en a très peu.

Magri, maigrir, devenir maigre.

Majestat, majesté, grandeur auguste et souveraine.

Majestuous, majestueux, qui a de la majesté.

Maïram, merrain, bois de chêne fendu en menues planches.

Maï, mère, femme qui a mis un enfant au monde.

Maïsoun, maison, logis, bâtiment pour y loger.

Maïnat, enfant ou garçon.

Malaou, malade, qui souffre quelque altération dans la santé.

Maliço, malice, inclination à nuire, à mal faire.

Malicious, malicieux, qui a de la malice.

Malo, malle, coffre pour porter des hardes en voyages.

Malhur, malheur, mauvaise fortune, mauvaise destinée.

Maladictioun, malédiction, imprécation.

Malapesto! malepeste! imprécation qui emporte une sorte d'étonnement.

Malfaitou, malfaiteur, qui commet des crimes, de méchantes actions.

Malabestio, malebête, subst. f., qui est dangereux et dont on doit se défier.

Mama, maman, terme enfantin, qui signifie mère.

Manda, mander, faire savoir ou par lettre, ou par messager.

Mandamén, mandement, ordre par écrit et rendu public, de la part d'une personne qui a autorité et juridiction.

Manchéto, manchette, bande de mousseline ou dentelle plissée, qui s'attache au poignet de la chemise.

Manjo, manche, partie du vêtement dans laquelle on met les bras.

Manjé, manche, la partie d'un instrument par où on le prend pour s'en servir.

Manjaillo, mangeaille, ce qu'on donne à manger à quelques animaux domestiques.

Manièro, manière, façon d'agir, de faire une chose.

Maniérat, maniéré, qui a des affectations particulières et fort marquées.

Manipulo, manipule, bande d'étoffe que le prêtre porte au bras gauche lorsqu'il célèbre la messe.

Manibèlo, manivelle, pièce de fer ou de bois qui sert à faire tourner une machine.

Manéqui, mannequin, panier long et étroit dans lequel on apporte des denrées au marché.

Manobro, manœuvre, aide à maçon, à couvreur.

Manqua, manquer, faillir, tomber en faute; ne faire point ce qu'on doit; omettre, oublier de faire quelque chose.

Mantou, manteau, vêtement ample qui se met par dessus l'habit.

Maquignoun, maquignon, marchand de chevaux.

Maquignoua, maquignonner, user d'artifice pour refaire les chevaux et les faire paraître meilleurs qn'ils ne sont, à dessein de s'en défaire.

Marbra, marbrer, imiter par la peinture le mélange et la disposition des différentes couleurs qui se trouvent en de certains marbres.

Marchanda, marchander, demander le prix de quelque chose.

Marcat, marché, lieu public où l'on vend; la vente de ce qui se débite dans le marché; le prix de la chose qu'on achète; condition de l'achat.

Marcho, marche, degré qui sert à

monter et à descendre; voyage qu'on fait à pied ou à cheval, etc.

MARCHA, marcher, aller, s'avancer d'un lieu à un autre par le mouvement des pieds.

MARCHAÏRÉ, marcheur, celui qui marche beaucoup, soit à pied, soit à cheval.

MARÉCHAL, maréchal, ouvrier dont le métier est de ferrer les chevaux et de les soigner quand ils sont malades.

MARGALIDO, marguerite, fleur; il signifie aussi perle.

MARGUILLIER, marguillier, celui qui a le soin de tout ce qui regarde la fabrique et l'œuvre d'une paroisse, et les affaires d'une confrérie.

MARIDATGÉ, mariage, union d'un homme et d'une femme par le lien conjugal; la solennité des noces.

MARMAILLOUAOU, marmaille, foule de petits enfants.

MERLÉ ou MARNO, marne, subst. f., terre grasse et calcaire, propre à engraisser les champs.

MERLA ou MARNA, marner, répandre de la marne sur un champ afin de l'engraisser.

MERLÈRO, marnière, carrière où l'on tire de la marne.

MARROUN, marron, fruit du marronnier.

MARROUNIÉ, marronnier, arbre dont le fruit ressemble un peu à la châtaigne.

MARTÈT, marteau, outil de fer qui a un manche ordinairement de bois; on s'en sert pour enfoncer des clous, des chevilles, etc.

MARTÉLATGÉ, martelage, marque que les officiers des eaux et forêts font avec leurs marteaux aux arbres qui doivent être abattus.

MARTRO, martre, espèce de fouine; la peau de cet animal est employée en fourrures.

MASCARADO, mascarade, troupe de gens déguisés et masqués.

MASCAT, masque, faux visage de carton et de cire dont on se couvre le visage pour se déguiser.

MASCA, masquer, mettre un masque sur le visage de quelqu'un pour le déguiser.

MASSACRA, massacrer, tuer, assommer.

MASSO, masse, amas de plusieurs parties de même ou de différente nature qui fait corps ensemble; fonds d'argent d'une succession; gros marteau de fer ou de bois; certaine somme d'argent que l'on met au jeu.

MASSAPAIN, massepain, sorte de pâtisserie.

MASTICA, mastiquer, coller, joindre avec du mastic.

MATALAS, matelas, une des principales pièces de la garniture d'un lit; petits coussins piqués qu'on met aux deux côtés d'un carrosse.

MATA, mater, mortifier, affaiblir, humilier, etc.

MATÉRIAOU, matériaux, les différentes matières qui entrent dans la construction d'un bâtiment.

MATIN, matin, la première partie du jour.

MATINADO, matinée, le matin.

MÉCO DÉ CANDÉLO ou MOUQUÈT, lumignon, le bout de la mèche d'une bougie ou d'une chandelle allumée.

MÉRO, maire, le premier officier d'une maison de ville.

MESTRÉ, maître, celui qui a des sujets, des domestiques, des esclaves.

MESTRESSO, maîtresse. Ce mot a presque les acceptions de celui de maître.

MÉCO, mèche, cordon de fil, de coton, de chanvre qu'on met dans les lampes avec de l'huile, et dont on fait des chandelles, des bougies, etc.

MÉCOUNÉCHÉ, méconnaître, ne pas reconnaître, désavouer.

MÉDAILLO, médaille, pièce de métal fabriquée en l'honneur de quelque personne illustre, ou pour conserver la mémoire de quelque action illustre.

MÉDÉCIN, médecin, celui qui fait profession d'entretenir la santé, et de guérir les malades.

MÉDÉCINO, médecine, l'art qui enseigne les moyens de guérir les malades et d'entretenir la santé.

MÉDÉCINO, médicament, remède pris intérieurement ou appliqué extérieurement.

MÉDISÉ, médire, dire du mal de quelqu'un sans nécessité.

MÉFIA (SE), se méfier, se défier de quelqu'un.

MEILLÉ ou MEILLOU, meilleur, le comparatif de bon; qui vaut mieux, qui est préférable.

MÉLANJA, mélanger, faire un mélange.

MÉLA, mêler, brouiller ensemble plusieurs choses; joindre, unir une chose avec une autre.

MÉLOUN, melon, sorte de fruit ou de légume.

MEMBRÉ, membre, partie extérieure du corps de l'animal, comme le pied, la main, etc.

MEMBRAT, membru, qui a les membres gros et puissants.

MEMBRUDO, membrure, (terme de menuiserie) sorte de bois épais dans lequel on enchâsse les panneaux.

MÉMOUÈRO, mémoire, faculté de l'âme qui fait qu'on conserve le souvenir des choses.

MENDICITAT, mendicité, état d'une extrême indigence, où l'on est réduit à mendier.

MENTIDO ou MENSOUNGÉ, mensonge, discours avancé contre la vérité avec dessein de tromper.

MENTUR, menteur, qui dit une chose fausse dont il connaît la fausseté.

MENTI, mentir, affirmer pour vraie une chose que l'on sait bien être fausse.

MENTOUN, menton, la partie du visage qui est au-dessous de la bouche.

MÉNUSÉRIO, menuiserie, l'art du menuisier, les ouvrages qu'il fait.

MÉNUSIÉ, menuisier, artisan qui travaille en bois pour les ouvrages qui servent au-dedans des maisons.

MESPRETS, mépris, sentiment par lequel on juge une personne indigne d'égard et d'estime.

MESPRÉSA, mépriser, avoir du mépris pour quelqu'un.

MÉRELLO, mérelle, jeu des enfants et des écoliers.

MERLUSSO, merluche, sorte de morue sèche.

MERBEILLO, merveille, chose qui cause de l'admiration.

MERBEILLOUS, merveilleux, admirable, surprenant, étrange, extraordinaire.

Messatgé, messager, qui fait un message, une commission.

Messatgério, messagerie, la qualité de messager avec les droits qui y sont attachés.

Messo, messe, le sacrifice du corps et du sang de Jésus-Christ.

Mésuro, mesure, ce qui est de règle pour déterminer une quantité.

Mésura, mesurer, déterminer une quantité avec une mesure.

Mésuratgé, mesurage, action par laquelle on mesure.

Mestié, métier, profession d'un art mécanique, toutes sortes de professions, machine qui sert à une manufacture.

Meïdïo, midi, le milieu du jour ; l'heure qui indique le milieu du jour.

Méou, miel, suc doux que les abeilles font de ce qu'elles recueillent sur les fleurs.

Meïloc, milieu, le centre d'un lieu.

Méjo-Neït, minuit, le milieu de la nuit.

Mesplo, nèfle, fruit du néflier.

Mesplé, néflier, l'arbre qui porte des nèfles.

Mens ou Més poc, moins, pas tant.

Més, mois, une des douze parties de l'année.

Meïtat, moitié, partie d'un tout divisé en deux parties égales.

Mendré, moindre, moins considérable, plus petit dans son genre ; qui n'est pas si bon, ou qui est plus mauvais.

Mija, manger, mâcher et avaler quelque aliment pour se nourrir.

Mijadéro, mangeoire, l'auge où les chevaux mangent.

Mijaïré, mangeur, qui a l'habitude de manger beaucoup.

Miaço, menace, parole ou geste dont on se sert pour faire craindre à quelqu'un le mal qu'on lui prépare.

Miaça, menacer, faire des menaces.

Micopan ou Mouro, mie, toute la partie du pain qui est entre les deux croûtes.

Miéto ou Griouaillo, miettes, les petites parties qui tombent du pain quand on le coupe.

Militari, militaire, qui concerne les choses de guerre, homme de guerre.

Milo, mille, dix fois cent.

Mincé, mince, qui a fort peu d'épaisseur.

Mignaturo, miniature, sorte de peinture.

Miraglé, miracle, effet de la puissance divine contre l'ordre de la nature.

Miraculous, miraculeux, qui s'est fait par miracle.

Miro, mire, l'endroit d'un canon de fusil qui sert à mirer.

Mira, mirer, regarder avec attention l'endroit où l'on veut que porte le coup d'une arme à feu.

Mirailla (se), se mirer, se regarder dans quelque chose qui rend l'image des objets qu'on lui présente.

Mirail, miroir, glace de verre ou de cristal qui rend la ressemblance des objets qu'on lui présente.

Misérablé, misérable, malheureux, qui est dans la misère, dans la souffrance ; méchant.

Miséro, misère, état malheureux, extrême indigence.

Miséricordio, miséricorde, vertu qui

porte à avoir compassion des misères d'autrui.

MISÉRICORDIOUS, miséricordieux, qui est enclin à faire miséricorde.

MISSIOUNARI, missionnaire, celui qui est envoyé aux missions pour la conversion des peuples.

MITANO, mitaine, sorte de gant.

MITRAILLADO, mitraillade, décharge de canons chargés à mitraille.

MINO, mouc, grimace que l'on fait par dérision ou par mécontentement.

MOUNYÉTOS, haricots, légume, espèce de ragoût.

MOBLÉ, meuble, qui est aisé à remuer; les ustensiles et tout ce qui sert à garnir, à orner une maison et qui n'en fait point partie.

MOUBLA, meubler, garnir de meubles.

MOULO, meule, corps solide, rond et plat, qui sert à broyer; roue de grès pour aiguiser les couteaux.

MOULIÈ, meûnier, celui qui gouverne un moulin à blé.

MOUNTADO, montée, petit escalier, petite côte.

MOUNTA, monter, passer d'un point inférieur à un point supérieur.

MOUNTRO, petite horloge qui se porte dans la poche; échantillon.

MOUNTURO, monture, bête sur laquelle on monte; ce qui sert à assembler les parties principales d'un ouvrage.

MOURDÉ, mordre, serrer avec les dents.

MOROU, more ou maure, peuple de couleur noire.

MORFIL, morfil, parties d'acier presque imperceptibles qui restent au tranchant d'un couteau, d'un rasoir, lorsqu'on les a passés sur la meule.

MOURTOUÈSO, mortaise, entaillure faite dans une pièce de bois pour recevoir un tenon.

MOURTÈ, mortier, mélange de terre ou de sable avec de l'eau ou avec de la chaux étendue dans l'eau.

MOURMEC, morve, matière qui sort par les narines.

MOUSCO, mouche, petit insecte ailé.

MOUSCA, il se dit du bétail lorsque les mouches le poursuivent et le piquent.

MOUCADÉ, mouchoir, linge dont on se sert pour se moucher.

MOULÉ, moudre, broyer, mettre en poudre par le moyen de la meule.

MOUILLA, mouiller, tremper, humecter, se mouiller, être trempé par la pluie.

MOULIN, moulin, machine à moudre le grain.

MOUNLURO, moulure, ornement d'architecture.

MOURI, mourir, cesser de vivre.

MOUSSOULINO, mousseline, toile de coton fort claire et très fine.

MOUSSAROUN, mousseron, petit champignon.

MOUSTACHO, moustache, barbe qu'on laisse au-dessus de la lèvre d'en haut.

MOUSCH, moût, vin doux et nouvellement fait.

MOUGNOUN, moignon, partie du bras ou de la jambe lorsque le reste est coupé.

MOUNGÉ, moine, religieux qui vit séparé du monde.

Mounjo, moinesse, religieuse de l'ordre des moines.

Moléto, molette, partie de l'éperon en forme d'étoile, avec plusieurs petites pointes.

Moumén, moment, instant ou temps fort court.

Moundé, monde, la totalité des hommes en général.

Mounitou, moniteur, qui avertit, qui donne des avis.

Mounédo, monnaie, toutes sortes de pièces d'or et d'argent, etc., servant au commerce.

Moussu, monsieur, titre que l'on donne par civilité aux personnes à qui on parle, à qui on écrit.

Moutagno ou Moun, montagne, grande masse de terre ou de roche fort élevée.

Mountagnol, montagnard, qui habite les montagnes.

Moustardo, moutarde, composition faite de graine de sénevé broyée avec du moût ou avec du vinaigre.

Moutoun, mouton, bélier châtré que l'on engraisse.

Mouludo, mouture, action de moudre les blés.

Maoué, mouvoir, remuer, exciter.

Mouléto, omelette, œufs battus ensemble et cuits dans la poêle avec du beurre ou du lard.

Mounaco, parelle ou patience, plante.

Moustardoun, sénevé, plante et graine servant à faire de la moutarde, etc.

Muda, muer, changer de plumage, de peau, de poil; il se dit aussi de la voix qui change, qui s'altère.

Muguét, muguet, plante, sa fleur.

Mulastré, mulâtre; il se dit de ceux qui sont nés d'un nègre et d'une blanche, ou d'un blanc et d'une négresse.

Mul, mulet, animal engendré d'un âne et d'une jument, ou d'un cheval et d'une ânesse.

Murailla, murer, environner de murailles; boucher avec de la maçonnerie.

Mudéou ou Mus, museau, cette partie de la tête de quelques animaux qui comprend la gueule et le nez.

Muto, meute, nombre de chiens courants dressés pour la chasse.

Mucha, musser, cacher, enfouir.

Mulot ou Arrat droumillé, espèce de souris qui dévaste les jardins.

Mutila, mutiler, retrancher, couper.

N

Nada, nager, se soutenir sur l'eau par un certain mouvement du corps.

Nadaïré, nageur, celui ou celle qui sait nager.

Najouèro, nageoire, partie du poisson qui lui sert à nager.

Naditor, nasitor, cresson alénois.

Natioun, nation, tous les habitants d'un même pays.

Nabiri, bâtiment propre à aller sur l'eau.

Nabigatioun, navigation, voyage sur mer ou sur quelque grande rivière.

Nas, nez, le sens de l'odorat.

Narratioun, narration, récit, conte.

Nani, nenni, particule dont on se sert pour répondre négativement.

Naou, neuf, nombre impair qui suit immédiatement le nombre huit.

Naou, neuf, qui est fait depuis peu, qui n'a point encore servi.

Naouïo, neuvaine, espace de neuf jours pendant lesquels on fait quelque obligation.

Néché, naître, venir au monde, commencer, prendre origine.

Néchenso, naissance, sortie du sein de la mère; extraction, commencement.

Nécessari, nécessaire, dont on ne peut se passer. Il est aussi substantif, le *nécessaire*.

Nécessariamen, nécessairement, par un besoin absolu.

Nécessitous, nécessiteux, indigent, qui manque des choses nécessaires.

Négligén, négligent, nonchalant, insoigneux.

Néglija, négliger, n'avoir pas soin de quelque chose comme on devrait.

Négoucian, négociant, qui fait négoce.

Négoucia, négocier, faire négoce, faire trafic.

Néré ou Négré, nom d'une nation dont les habitants sont d'une couleur noire.

Néou, neige, vapeur dont les particules s'étant gelées dans l'atmosphère tombent ensuite par flocons blancs sur la terre.

Néoua, neiger; il n'est employé qu'à la troisième personne du singulier : *il neige; il neigeait.*

Nerbi, nerf, partie du corps de l'animal qu'on regarde comme l'organe principal des sentiments.

Nerbious, nerveux, qui a des bons nerfs, qui a beaucoup de force.

Nété, net, propre, qui est sans ordure.

Nétéja, nettoyer, rendre net.

Nébout, neveu, fils du frère ou de la sœur.

Néboudo, nièce, fille du frère ou de la sœur.

Néga, nier, dire qu'une chose n'est pas vraie.

Néga, noyer, submerger, inonder, faire mourir dans l'eau.

Néré, noir, qui est de la couleur la plus obscure de toutes.

Négraou, noirâtre, qui tire sur le noir.

Nérou, noirceur, qualité par laquelle les choses sont noires.

Néouriço, nourrice, femme qui allaite un enfant qui n'est pas le sien.

Néourissen, nourrissant, qui nourrit beaucoup.

Néourituro, nourriture, aliment.

Neï, nuit, l'espace de temps où le soleil est sous notre horizon.

Nicho, niche, enfoncement fait dans l'épaisseur d'un mur pour y placer une statue.

Nidé, nid (le *d* ne se prononce pas), petit logement que les oiseaux se font pour y pondre.

Nibéou, niveau, instrument de mathématiques par le moyen duquel on voit si un terrain est uni et horizontal.

Nibéla, niveler, mesurer avec le niveau.

Noblé, noble, qui est d'un rang au-dessus du tiers-ordre de l'état.

Noublesso, noblesse, qualité par laquelle un homme est noble.

Noço, noce, le festin, la danse et les autres réjouissances qui accompagnent le mariage.

Nouël, Noël, fête de la nativité de Notre-Seigneur.

Nogo, noix, fruit du noyer et de quelques autres arbres.

Noum, nom, le terme dont on se sert pour désigner chaque personne, chaque chose.

Noumbré, nombre, plusieurs unités considérées ensemble.

Noumbra, nombrer, supputer combien il y a d'unités dans une quantité.

Nouta, noter, remarquer, faire une observation.

Nousté, nôtre, qui nous appartient.

Noubembré, novembre, le onzième mois de l'année.

Noubèlo, nouvelle, le premier avis qu'on reçoit d'une chose arrivée récemment.

Nougué, noyer, arbre qui porte des noix.

Nudéra, nouer, lier en faisant un nœud.

Nuatgé, nuage, amas de vapeurs qui se forme en l'air.

Nud, nu, qui n'est point vêtu.

Nuanço, nuance, le mélange et l'assortiment de couleurs qui vont bien ou mal ensemble.

Nuditat, nudité, état d'une personne qui est nue.

Numérouta, numéroter, mettre le numéro ou la cote.

Nupcial, nuptial, qui concerne les noces. *Lit nuptial.*

O

Obserba, observer, accomplir ce qui est prescrit par quelque loi.

Obténgué, obtenir, impétrer, faire en sorte par ses prières, etc., auprès de quelqu'un qu'il accorde ce qu'on demande.

Ocupa, occuper, tenir, se saisir, s'emparer d'un poste, employer à travailler.

Octobré, octobre, un des mois de l'année.

Obserbatou, observateur, qui accomplit ce qui est prescrit par quelque loi.

Obscurci, obscurcir, rendre sombre, ténébreux.

Oblija, obliger, engager quelqu'un par un acte en vertu duquel on puisse l'appeler en justice; rendre service, prendre plaisir.

Obligatioun, obligation, acte par lequel on s'engage à faire quelque chose.

Obro, œuvre, ce qui est fait; ce qui subsiste après l'action.

Odious, odieux, haïssable, qui excite l'aversion, l'indignation.

Olibo, olive, fruit de l'olivier.

Olibié, olivier, arbre qui porte des olives.

Oli, huile, s. f., suc des olives, du lin, etc.

Or, or, métal le plus précieux, richesse, opulence.

Oratgé, orage, tempête; il se dit des malheurs dont on est menacé.

Oratjous, orageux, qui cause de l'orage.

Orangé, orange, fruit de l'oranger.

Oranjado, orangeade, boisson qui se fait avec le suc d'orange.

.. Orangério, orangerie, lieu destiné pour mettre à couvert les orangers.

Oratou, orateur, celui qui compose, qui prononce des discours d'éloquence.

Ordé, ordre, arrangement, devoir, règlement, discipline.

Ordi, orge, grain assez connu, ressemblant beaucoup à la paumelle.

Orgo, orgue, instrument de musique.

Orguil, orgueil, vanité, présomption.

Orguillousamén, orgueilleusement, d'une manière orgueilleuse.

Orguillous, orgueilleux, qui a de l'orgueil.

Original, original, qui n'est d'après aucun modèle.

Originalitat, originalité, caractère de ce qui est original.

Ornamén, ornement, parure, embellissement, ce qui orne, ce qui sert à orner.

Omé, homme, animal raisonnable, courageux.

Ounoura, honorer, rendre honneur et respect.

Oustïo, hostie, toute victime que les Hébreux immolaient à Dieu; ce que le prêtre offre à la messe avant la consécration.

Oustaóu, hôtel, grande maison garnie, maison d'un prince.

Oulia, huiler, oindre d'huile.

Ouëï, huit, nom de nombre qui suit immédiatement le nombre sept.

Oumpril, nombril, partie qui est au milieu du ventre de l'homme et de la plupart des animaux.

Oucasioun, occasion, rencontre, conjecture de temps, de lieu, d'affaires propres pour quelque chose.

Oucasiouna, occasionner, donner occasion.-

Oueil, œil, l'organe de la vue; au pluriel, *yeux*.

Oueillado, œillade, regard, coup d'œil.

Oueillèro, œillère, petite pièce de cuir que l'on attache à la têtière d'un cheval de carrosse pour lui couvrir l'œil.

Oueillet, œillet, petit trou qu'on fait à du linge, à des habits, à un bout d'une corde pour passer un lacet.

Ouéou, œuf, certaine matière renfermée dans une coque et quelquefois dans une membrane molle ou dure que mettent dehors les oiseaux, la plupart des poissons, des reptiles, des insectes, et de laquelle leurs petits se forment et se nourrissent avant d'éclore.

Oumpréja, ombrager, donner de l'ombre.

Oumpro, ombre, obscurité causée par un corps opposé à la lumière.

Ounglét, onglet, instrument de menuiserie.

Ounzé, onze, nombre qui contient dix et un.

Ouppousa, opposer, mettre une chose pour faire obstacle à une autre.

Ouppousitioun, opposition, empêchement, obstacle.

Ourdinari, ordinaire, qui a coutume d'être, de se faire, qui arrive souvent.

Ourdouna, ordonner, mettre en ordre, commander, prescrire.

Ourgano, organe, partie du corps servant aux sensations et aux opérations de l'animal.

Ourganisa, organiser, former les organes, arranger.

Ourtrigos, orties, plantes dont les feuilles et les tiges ont des épines très-fines.

Ouéouèro, ovaire, la partie où se forment les œufs dans le ventre de la femelle des animaux.

Outratgé, outrage, injure atroce.

Outratjous, outrageux, qui fait outrage.

Oubratgé, ouvrage, ce qui est fait par l'ouvrier.

Ourdi, ourdir, disposer le fil pour faire la toile.

Ourlét, ourlet, le repli que l'on fait à du linge, à des étoffes.

Our, ours, animal féroce.

Oussamén, ossement, os décharnés des animaux qui sont morts.

P

Pachèro, écluse, clôture ayant une ou plusieurs portes qui se lèvent et se baissent pour retenir et lâcher l'eau; la porte qui se hausse et se baisse.

Pachet, rame, branchages dont on soutient des pois, etc.

Pachéra, ramer, planter des rames pour soutenir des pois, etc.

Pacoutillo, pacotille, petite quantité de marchandise qu'il est permis à ceux qui servent les vaisseaux d'y embarquer pour leur propre compte.

Pacté, pacte, convention.

Pacatgé, pacage, lieu propre pour nourrir et engraisser des bestiaux.

Pacatja, pacager, paître, pâturer.

Pacifia, pacifier, mettre la paix.

Pajo, page, un des côtés d'un feuillet de papier ou de parchemin.

Paillassèro, paillasse, amas de paille enfermée dans de la toile pour servir à un lit.

Paillassoun, paillasson, natte de paille.

Paillo, paille, le tuyau et l'épi du blé, du seigle, etc.

Paillé, meule de paille, tas de paille, qu'on fait en forme de toit, afin que la pluie ne la pourrisse pas.

Paloun, bêche, outil avec lequel on travaille la terre presque debout et en le poussant avec la main et le pied.

Paloua, bêcher, travailler la terre avec la bêche.

Palaras, lampas, allongement de la membrane qui revêt intérieurement la machoire supérieure et qui tapisse le palais du cheval.

Paillat, litière, voiture ou chaise couverte; paille étendue dans une étable pour les bestiaux.

PALAÏ, palais, maison de roi, de prince, maison magnifique.

PALÉT, palet, pierre plate et ronde avec laquelle on joue en la jetant en l'air pour la placer le plus près qu'il se peut d'un but qu'on a marqué.

PALÉTO, palette, instrument de bois plat qui a un manche et avec lequel les enfants jouent au volant.

PALPITA, palpiter, se mouvoir d'un mouvement déréglé et fréquent.

PALI, pâlir, devenir pâle.

PAOUPA, palper, toucher avec la main.

PAN, pain, l'aliment le plus ordinaire du peuple d'Europe, fait de farine de blé pétrie et cuite.

PARÉIL, paire, couple d'animaux de la même espèce mâle et femelle.

PATS, paix, l'état d'un peuple qui n'est point en guerre; traité, concorde.

PAMPOU, pampre, la feuille de la vigne avec ses branches, la feuille du blé, etc.

PANA, voler, prendre par rapine le bien de son prochain.

PAÏRET, panier, ustensile de ménage fait d'osier, de jonc.

PAÏRÉTAT, panerée, tout ce qu'un panier peut contenir.

PANÉOU, panneau, pièce de bois ou de vitrage, enfermé dans une bordure.

PANSO, panse, ventre, grosse panse.

PANSUT, pansu, qui a une grosse panse.

PANTALOUN, pantalon, culotte longue.

PANTACHA, panteler; haleter, avoir la respiration embarrassée et pressée.

PANTOUFLO, pantoufle, sorte de chaussure.

PAOU, paon (on prononce pan), oiseau domestique.

PAOUO, paone (pane), la femelle du paon.

PAPÉ, papier, composition faite de vieux linge détrempé dans de l'eau, pilé et broyé par le moyen d'un moulin, et ensuite étendu par feuilles pour servir à écrire, etc. Au pluriel, toutes sortes de titres, enseignements, mémoires et autres écritures.

PAILPAILLO ou PLUMAILLO, papillon, insecte volant.

PALPAILLOUNA, papillonner, voler d'objet en objet sans s'arrêter d'une manière fixe.

PARRAFO, parafe, marque qui est faite d'un ou plusieurs traits de plume, qu'on met ordinairement après son nom quand on signe quelque acte.

PARRAFIA, parafer, mettre son parafe à quelque acte.

PARAPLOUÏO, parapluie, petit pavillon portatif pour se garantir de la pluie.

PARASOL, parasol, petit pavillon qu'on porte au dessus de la tête pour être à couvert du soleil.

PERDOU, pardon, rémission d'une faute, d'une offense.

PARA, parer, orner, embellir.

PARAMÉN, parement, ce qui pare, ce qui orne.

PARÉN, parent, qui est de même famille, qui est uni par le sang.

PARFUMA, parfumer, répandre une bonne odeur.

PARIA, parier, faire un pari, une gageure.

PARLA, parler, proférer, prononcer, articuler des mots.

PARLA, parler, v. s., langage, façon de parler.

Parlouer, parloir, lieu destiné, dans une maison religieuse, pour parler aux personnes du dehors.

Paréché, paraître, être exposé à la vue, se faire voir, se manifester.

Paroulis, bavardage, excès dans le parler.

Parquéta, parqueter, mettre du parquet dans un lieu.

Partatja, partager, diviser en plusieurs parts pour en faire la distribution.

Parterro, parterre, jardin ou partie d'un jardin, planté ordinairement de buis par compartiments, semé de fleurs, de gazon, etc.

Participa, participer, avoir part, prendre part.

Partido, partie, part, portion d'un tout physique ou moral, avec cette différence que la partie est ce qu'on détache du tout.

Parbéngué, parvenir, arriver avec difficulté à un terme qu'on s'est proposé.

Passado, passade, il se dit du passage dans un lieu où l'on fait peu de séjour.

Passo-Port, passe-port, ordre par écrit donné par le souverain.

Passa, passer, aller d'un endroit à un autre, transporter d'un lieu à un autre.

Pastièro, pétrin, coffre dans lequel on pétrit; on l'appelle aussi *huche*.

Passioun, passion, souffrance, mouvement de l'âme excité par quelque objet.

Passouer, passoir, ustensile de cuisine ou d'apothicaire, qui sert à passer l'eau, etc.

Pastou, pasteur, celui qui garde des troupeaux de moutons, celui qui est chargé du soin des âmes.

Pastét, pâté, mets fait de chair ou de poisson mis en pâte.

Pasto, pâte, farine détrempée et pétrie.

Pastéros, crêpes, pâte que l'on fait cuire légèrement en l'étendant sur la poêle.

Patèno, patène, vase sacré fait en forme de petite assiette, et qui sert à couvrir le calice.

Pati, pâtir, souffrir, avoir du mal, de la misère.

Patis, pâtis, lieu où l'on met paître des bestiaux.

Patissério, pâtisserie, pâte assaisonnée et préparée d'une certaine manière et qu'on fait cuire ordinairement dans le four.

Patouès, patois, langage rustique, grossier et propre à un endroit.

Patraco, patraque, machine usée et de peu de valeur.

Patroun, protecteur; il se dit du saint dont on porte le nom.

Patroun, patron, modèle sur lequel certains artisans travaillent.

Patrounatgé, patronage, droit qu'un seigneur laïque a de nommer à un bénéfice.

Patut, pattu, il ne se dit guère que des pigeons qui ont de la plume jusque sur les pieds.

Pasturatgé, pâturage, lieu où les bestiaux paissent.

Pasturo, pâture, ce qui sert à la nourriture des bêtes, des oiseaux et même des poissons.

Pastura, pâturer, prendre la pâture.

PAOUA, paver, couvrir le terrain avec de la pierre dure pour y marcher plus commodément.

PAOUAT, pavé, pierre dure, carreau, etc.

PAVUR, paveur, celui dont le métier est de paver des rues, des chemins.

PAOÜMOLLO, paumelle, espèce d'orge très commune dans quelques provinces.

PAGO, paie, ce qu'on donne aux gens de guerre pour leur solde.

PAGAMEN, paiement, ce qui se donne pour acquitter une dette.

PAGA, payer, acquitter une dette.

PAÏS, pays, région, contrée, province.

PALO, pelle, instrument de fer ou de bois, large et plat, qui a un long manche.

PALADO, pellée, pellerée, pelletée, autant qu'il en peut tenir sur une pelle.

PÉBÉ, poivre, épice aromatique.

PEILLO, jupe, partie de l'habillement des femmes qui descend de la ceinture jusqu'aux pieds.

PEILLOT, jupon, courte jupe.

PERRECS ou CHIFFOUS, chiffons, lambeau, morceau, pièce d'une étoffe déchirée.

PENSA, penser, réfléchir, méditer.

PERCI-PERQUIOU, par-ci par-là, en divers endroits, çà et là.

PERDOUNA, pardonner, accorder le pardon, ne garder aucun ressentiment d'une injure faite.

PÈT, peau, la partie extérieure qui enveloppe et couvre toutes les autres parties de l'animal.

PÉCADILLO, peccadille, péché léger (terme familier.)

PÉCA, pécher, commettre des péchés, des fautes.

PÉCAT, péché, transgression de la loi divine.

PESCA, pêcher, prendre des poissons.

PESCO, pêche, action de pêcher.

PËÏNTÉ, peigne, instrument taillé en forme de dents et qui sert à décrasser les cheveux et à décrasser la tête.

PENTIA, peigner, arranger les cheveux avec un peigne.

PÉNO, peine, douleur, affliction, souffrance, travail, fatigue.

PÉLÉRIN, pélerin, celui qui par piété fait un voyage en un lieu de dévotion.

PÉLÉRINATGÉ, pélerinage, le voyage que fait un pélerin, le lieu où il va en dévotion.

PERISSO, pelisse, robe, manteau doublé d'une fourrure.

PELOUTOUN ou CAMUCHÉT, peloton, espèce de boule que l'on forme en devidant du fil ou de la laine.

PÉLUT, pelu, garni de poil.

PÉRO, poire, fruit à pepin.

PÉRÉ, poirier, arbre qui porte des poires.

PÉCH, poisson, animal qui naît et qui vit dans l'eau.

PÉGO, poix, matière gluante et noire, faite de résine brûlée et mêlée avec de la suie du bois dont la résine est tirée.

PERSOUNO, personne, terme qui signifie homme ou femme.

PERSUADA, persuader, porter quelqu'un à faire quelque chose.

PERDIGAT, perdreau, perdrix de l'année.

PERTO, perte, privation de quelque chose d'avantageux.

PERBERTI, pervertir, faire changer de bien en mal dans les choses de la religion ou de la morale.

PÉSADO, pesée, l'action de peser ; la quantité de ce qui a été pesé en une fois.

PÉSA, peser, examiner, juger avec des poids combien une chose est lourde.

PÈ, pied, la partie du corps de l'animal qui est jointe à l'extrémité de la jambe et qui lui sert à se soutenir et à marcher.

PEÏRO, pierre, corps dur et solide qui se forme dans la terre.

PEÏRUT, pierreux, qui est plein de pierres.

PÉDIGUÉJA, piétiner, remuer souvent les pieds par vivacité, par inquiétude.

PÉOU, poil, ce qui croît sur la peau.

PÉS, poids, pesanteur, qualité de ce qui est pesant.

PICADÉRO, hachoir, petite table sur laquelle on hache la viande ou le lard.

PICOLO, bache, instrument tranchant.

PICOULÉTO, hachette, petite hache.

PIOC DÉ HOURCO, fourchon, une des pointes de la fourche ou fourchette.

PINTRÉ, peintre, celui qui fait profession de peindre.

PINTRURO, peinture, matière avec quoi l'on peint; description de quelque chose.

PIC DÉ MAÇOUN, smille, marteau avec lequel les maçons piquent le moëllon ou le grès.

PIBOU, peuplier, arbre.

PIAILLA, piailler, il se dit des enfants qui crient continuellement.

PIOULA, piauler, il se dit du cri des petits poulets et des personnes faibles qui se plaignent en pleurant.

PIGO, pie, oiseau.

PIETGÉ, piége, instrument dont on se sert pour attraper des oiseaux; artifice dont on se sert pour tromper quelqu'un.

PIÉTRÉ, piètre, vil, méprisable et de peu de valeur.

PIJOUN, pigeon, oiseau.

PILASTRÉ, pilastre, pièce de bois ou de pierre, à laquelle on donne les mêmes proportions et les mêmes ornements qu'aux colonnes.

PILA, pilier, ouvrage de maçonnerie servant à soutenir un édifice.

PILOUN, pilon, instrument pour piler quelque chose dans un mortier.

PILOUTIS, pilotis, grosse pièce de bois pointue et ordinairement ferrée par le bout, qu'on fait entrer avec force pour asseoir les fondements d'un édifice, lorsqu'on veut bâtir dans l'eau.

PINÇO, pince, barre de fer aplatie par un bout et dont on se sert comme d'un levier; sorte de petites tenailles.

PINCÉOU, pinceau, plume garnie par un bout d'un poil délié, et dont les peintres se servent pour appliquer et étendre les couleurs.

PINÇA ou PESSIGA, pincer, serrer la superficie de la peau avec les doigts ou autrement.

PINSAN, pinson, petit oiseau.

PINTARRO, pintade, espèce de poule.

PINTA, pinter, boire en débauche.

PIOCHO, pioche, instrument pour fouir la terre.

PIOUCHA, piocher, travailler à fouir la terre avec une pioche.

PIPO, pipe, petit tuyau en terre cuite et blanchie au feu, dont on se sert pour prendre du tabac en fumée.

Pɪᴄᴏ, pique, sorte d'arme à long bois dont le bout est garni d'un fer plat et pointu.

Pɪᴄᴀ, piquer, percer, entamer légèrement avec quelque chose de pointu; mordre en parlant des serpents.

Pɪᴄᴀ ʟᴏᴜ ᴅᴀɪʟ, marteler la faulx.

PɪQᴜÉᴛ, pieu, qu'on fiche en terre pour tenir une tente en état, etc.

PɪQᴜÉᴛᴏ, piquette, boisson faite avec de l'eau mise dans un tonneau où il y a du marc de raisin et des prunelles; méchant vin.

Pɪᴄʜᴀ, pisser, uriner.

PɪsᴛᴏᴜʟÉᴛ, pistolet, arme à feu.

Pɪɴʟᴀï, pivert, oiseau.

Pʟᴀᴄᴀ, plaquer, appliquer une chose plate sur une autre.

PʟᴀᴢÉ, plaisir, joie, contentement, divertissement.

Pʟᴀɴᴄʜᴏ, planche, ais, morceau de bois scié en long.

PʟᴀɴᴄʜÈ, plancher, partie basse ou haute d'une chambre faite de planches qu'on a bien jointes.

Pʟᴀɴᴄʜᴀ, planchéïer, garnir de planches le plancher d'un appartement, d'une chambre.

PʟᴀɴᴄʜÉᴛᴏ, planchette, petite planche, instrument de mathématiques propre à lever des plans.

Pʟᴀɴᴛᴀ, planter, mettre une plante en terre pour faire qu'elle prenne racine et qu'elle croisse.

PʟᴀsᴛʀÉ, plâtre, pierre cuite au fourneau, que l'on met en poudre pour servir à divers usages dans les bâtiments.

PʟᴀsᴛʀɪÉ, plâtrier, l'ouvrier qui fait le plâtre et le marchand qui le vend.

Pʟᴏᴜʀᴀ, pleurer, répandre des larmes.

PʟᴏᴜʀᴀïʀÉ, pleureur, celui qui pleure.

PʟᴀᴏᴜÉ, pleuvoir, il se dit de l'eau qui tombe du ciel. *Il pleut, il pleuvait, il pleuvra.*

PʟÉɢᴀᴅÉʀᴏ, pleyon, petit brin d'osier qui sert à plier la vigne.

Pʟᴇᴄ, pli, un ou plusieurs doubles que l'on fait à une étoffe, à du linge.

PʟÉɢᴀ, plier, mettre en un ou plusieurs doubles avec quelque arrangement.

Pʟɪssᴀ, plisser, faire des plis.

PʟÉɢᴀ, ployer, fléchir, courber.

Pʟᴏᴜᴊᴏ, pluie, l'eau qui tombe du ciel.

Pʟᴜᴍᴏ, plume, ce qui couvre les oiseaux et qui sert à les soutenir en l'air.

Pʟᴜᴍᴀᴅᴏ, plumée, ce qui entre d'encre dans une plume pour écrire.

Pʟᴜᴍᴀ, plumer, arracher les plumes d'un oiseau.

Pʟᴀᴄᴀʀᴅᴀ, placarder, mettre, afficher un placard.

PʟᴀÇᴀ, placer, situer, mettre dans un lieu.

Pʟᴀɢᴏ, plaie, blessure, cicatrice, affliction, peine.

PʟᴀɢɴÉ, plaindre, avoir compassion des maux d'autrui.

Pᴏᴜʀʀᴇᴛ, poireau ou porreau, plante potagère.

Pᴏᴜᴢᴏᴜɴ, poison, venin, drogue, composition vénéneuse.

Pᴏᴜʟɪᴛ, poli, qui a la superficie unie et luisante.

Pᴏᴜʟɪ, polir, rendre clair, luisant, à force de frotter.

Pᴏᴜʟɪssᴏᴜᴇʀ, polissoir, instrument dont on se sert pour polir.

Pᴏᴜᴍᴀᴅᴏ, pommade, composition molle et onctueuse préparée avec différents ingrédients suivant les divers usages qu'on veut en faire.

Poumo, pomme, fruit à pepin.

Poumado, pommée, cidre fait avec des pommes.

Poumè, pommier, arbre qui porte des pommes.

Poumpo, pompe, machine pour élever de l'eau; tout l'appareil d'un convoi.

Poun, pont, bâtiment de pierre ou de bois élevé au-dessus d'une rivière, d'un ruisseau, d'un fossé pour la facilité du passage.

Populasso, populace, le bas peuple.

Pourcéou, pourceau, petit cochon.

Pourqué, porcher, celui qui garde les pourceaux.

Pourtaou, portail, la principale porte d'une église avec les ornements qui l'accompagnent.

Porto, porte, ouverture faite dans un lieu fermé pour en sortir.

Pourtaou, porte-cochère, grande porte servant à fermer le parc d'une maison.

Pousséda, posséder, avoir en son pouvoir.

Poussessou, possesseur, celui qui possède quelque bien.

Pousta, poster, placer dans un poste.

Poutatgé, potage, aliment fait de bouillon et de tranches de pain trempées dedans.

Pouhl, pou, vermine.

Poudro, poudre, poussière, ce dont on charge une arme à feu.

Pouillous, pouilleux, qui a des pous, qui est sujet aux pous.

Pouraillèro, poulailler, lieu où les poules se retirent pendant la nuit.

Pourin, poulain, cheval nouveau-né, jusqu'à trois ans.

Pourio, pouliche, cavale nouvellement née, jusqu'à trois ans.

Poulinièro, poulinière, cavale qui nourrit ordinairement.

Pouria, pouliner, il se dit de la cavale qui met bas.

Poulo, poule, oiseau domestique, femelle du coq.

Poulet, poulet, le petit d'une poule.

Pouléto, poulette, jeune poule.

Poussa, pousser, faire effort contre quelqu'un ou contre quelque chose pour l'ôter de sa place.

Poussïou, poussif, qui a la pousse.

Poudé, pouvoir, avoir la faculté de faire quelque chose, puissance, autorité.

Pout, coq, le mâle de la poule.

Pouts, puits, trou profond, creusé de main d'homme, fait exprès pour en tirer de l'eau.

Poustèmo, pus, matière corrompue qui se forme dans les parties où il y a inflammation.

Poudadéro, serpette, instrument large, plat, recourbé, tranchant, ayant un manche au milieu; on s'en sert pour tailler la vigne.

Poou, peur, crainte, frayeur.

Poblé, peuple, multitude d'hommes d'un même pays, d'une même religion.

Poc, peu, adverbe opposé à beaucoup.

Praoubé, pauvre, qui n'a pas de bien, qui n'a pas de quoi subsister honorablement selon sa condition.

Praoubamen, pauvrement, d'une manière pauvre.

Praoubétat, pauvreté, indigence, manque des choses nécessaires.

PRAT, prairie, grande étendue de terre où croît l'herbe dont on fait le foin ou qui sert au pâturage.

PRATICA, pratiquer, mettre en pratique.

PRÉCHA, prêcher, annoncer au peuple la parole de Dieu.

PRÉCIOUS, précieux, qui est d'un grand prix.

PRÉDICATOU, prédicateur, celui qui avec mission annonce les vérités de l'Evangile.

PRENGUÉ, prendre, mettre en sa main, dérober, emporter en cachette.

PRÉPARA, préparer, apprêter, disposer.

PRÉSENTA, présenter, offrir quelque chose à quelqu'un.

PRÉSERBA, préserver, détourner un mal qui pourrait arriver.

PRÉTENDÉ, prétendre, croire avoir droit sur quelque chose, à quelque chose.

PRESTA, prêter, donner à condition qu'on rende.

PRÉBENGUÉ, prévenir, arriver devant, venir le premier.

PROBO, preuve, ce qui établit la vérité d'une proposition, d'un fait.

PRÉGA, prier, requérir, demander par grâce.

PRÉGARIO, prière, paroles dont on se sert pour prier.

PRINCÉ, prince, nom de dignité.

PRINCESSO, princesse, nom qui se donne à la fille ou à la femme d'un prince.

PRÉSOUN, prison, lieu où l'on enferme les accusés, les criminels.

PRÉSOUNIÉ, prisonnier, celui qui est arrêté pour être mis en prison.

PRETS, prix, valeur, estimation d'une chose.

PROUCÉDA, procéder, agir en quelque affaire ; manière de se comporter avec les autres.

PROUCURA, procurer, faire que quelqu'un obtienne quelque grâce; faire avoir, faire obtenir.

PROUFITA, profiter, faire un gain quelconque.

POUJÉTA, projeter, former le dessein de faire quelque chose.

PROUMÉNA, promener, accompagner quelqu'un en promenade; se promener soi-même.

PROUMÉTÉ, promettre, donner parole de quelque chose.

PROUNOUNÇA, prononcer, articuler les syllabes, les lettres, les mots.

PROUPOUSA, proposer, délibérer, offrir, présenter.

PROUPRÉTAT, propreté, netteté, qualité de ce qui est propre.

PROUPIÉTAT, propriété, le droit par lequel une chose appartient à quelqu'un.

PROUPIÈTARI, propriétaire, elui qui possède une propriété.

PROSPÉRITAT, prospérité, heureuse situation.

PROUTECTIOUN, protection, appui, action de protéger.

PROUTECTOU, protecteur, celui qui protége.

PROU, assez.

PROUVOUQUA, provoquer, inciter, exciter.

PROUBA, prouver, donner des preuves.

PRUO, prune, fruit du prunier.

PRUÉ, prunier, arbre qui porte des prunes.

Pu, poing, la main fermée.

Pugnet, poignet, l'endroit où le bras se joint à la main.

Pugnat, poignée, autant que la main fermée peut renfermer de certaines choses.

Puntéja, poindre, il ne se dit guère que du jour qui commence à paraître et des herbes qui commencent à pousser.

Punt, point, piqûre qui se fait dans une étoffe avec du fil, de la laine, etc., petite marque ronde qui se fait sur le papier avec la plume.

Pudentou, puanteur, mauvaise odeur.

Pudé, puer, sentir mauvais.

Pucé, puce, insecte.

Puncèlo, pucelle, fille qui n'a point connu d'homme.

Purnacho, punaise, insecte et vermine.

Purga, purger, purifier, nettoyer.

Q

Qranto, quarante, quatre fois dix.

Qualé, falloir, il faut, il est nécessaire.

Qualitat, qualité, ce qui fait qu'une chose est telle ou telle.

Quan, quand, lorsque, dans le temps que, dans quel temps?

Quantitat, quantité, il se dit de tout ce qui peut être mesuré ou nombré.

Quouaté, quatre, nombre qui contient deux fois deux.

Quaouquécop, quelquefois, de fois à autre, parfois.

Qounouillo, quenouille, bâton que l'on entoure vers le haut de soie, de chanvre, de lin, de laine pour filer.

Qounouillo ou Qounouillado, quenouillée, ce qui garnit une quenouille.

Questiounéja, questionner, interroger, faire des questions.

Questo, quête, action par laquelle on cherche; la cueillette qu'on fait pour les pauvres.

Quista, quêter, demander et recueillir des aumônes.

Qouo, queue, cette partie qui est à l'extrémité du corps des animaux.

Quinchou, quignon, gros morceau de pain.

Quintaou, quintal, poids de cent livres.

Quinzé, quinze, nombre contenant trois fois cinq.

Quitanço, quittance, déclaration par écrit que l'on donne à quelqu'un et par laquelle on le tient quitte de quelque somme d'argent.

Quita, quitter, laisser en quelque lieu, abandonner, se séparer de quelqu'un, s'absenter.

R

Rabatgé, ravage, dommage et dégât causé par les ennemis, les tempêtes, les maladies, les passions.

Rabatja, ravager, faire du ravage.

Rabo, rave, plante potagère.

Rascladéro, ratissoire, instrument

Rouquéro, raucité, rudesse, âpreté de voix occasionnée soit par l'air ou par une autre cause.

Roc, rauque, rude, âpre et comme enroué; voix rauque, son rauque.

Rudo, rue, plante très amère et qui n'est employée qu'en médecine.

Rudo ou Ruso, ruse, artifice, moyen dont on se sert pour tromper.

Rusat, rusé, fin, adroit, plein de ruses.

Ruélo, ruelle, petite rue.

S

Sabé ou Counéché, savoir, connaître, avoir connaissance de quelque chose; avoir l'esprit orné et rempli de choses, de connaissances utiles.

Sabato, savate, vieux soulier.

Sabaté, savetier, ouvrier dont le métier est de raccommoder de vieux souliers.

Saboun, savon, composition faite avec de l'huile et un sel alcali et qui sert à blanchir le linge, à nettoyer, à dégraisser.

Sabounado, savonnage, blanchissage par le savon.

Sabouna ou Ensabouna, savonner, nettoyer et blanchir par le moyen du -savon.

Sabourous, savoureux, qui a bonne saveur.

Saladé, saloir, vase pour saler, ou dans lequel on sale les viandes, on conserve le sel.

Saliouo, salive, humeur aqueuse, un peu visqueuse qui coule dans la bouche.

Saluda, saluer, donner à quelqu'un une marque extérieure de respect.

Salutari, salutaire, utile, avantageux pour la conservation de la vie, des biens, de l'honneur, de la santé.

Sanquin, fusain, arbrisseau dont le bois est rouge.

Sanglot, hoquet, mouvement convulsif de l'estomac.

Saoümé, poutre, grosse pièce de bois carrée qui sert à soutenir les solives ou les planches d'un plancher.

Saquéto, sachet, petit sac.

Sanna, saigner, tirer du sang en ouvrant la veine.

Sanfouen, sainfoin, herbe et fourrage.

San, saint, souverainement parfait.

Sasoun, saison, l'une des quatre parties de l'année.

Sandalo, sandale, sorte de chaussure qui ne couvre qu'en partie le dessus du pied et dont se servent les religieux qui vont pieds nus.

San, sang, liqueur rouge qui coule dans les veines, dans les artères de l'animal.

Sanglo, sangle, bande large et plate faite de cuir, de chanvre, qui sert à serrer, à ceindre.

Sangla, sangler, ceindre, serrer avec des sangles.

Sansüo, sansue, insecte aquatique qui

suce le sang des parties de l'animal sur lesquelles on l'applique.

SANTAT, santé, état de celui qui est sain, qui se porte bien.

SCHARDINO, sardine, petit poisson de mer.

SCHERMÉN, sarment, le bois que pousse le cep de la vigne.

SABEN, savant, qui sait beaucoup en matière d'érudition, de littérature ; qui est bien instruit.

SAOUÇO, sauce, assaisonnement liquide où il entre du sel et ordinairement quelques épices pour y donner du goût.

SAOUÇA, saucer, tremper du pain dans la sauce.

SAOUCISSO, saucisse, boyau de porc ou d'autre animal, rempli de viande crue, hachée et assaisonnée.

SAOUBIO, sauge, plante aromatique.

SAOUTA, sauter, s'élever de terre avec effort, ou s'élancer d'un lieu à un autre.

SAOUBATGÉ, sauvage, féroce, farouche, qui n'est point apprivoisé.

SAOUBA, sauver, garantir, tirer du péril.

SAOUBADOU, sauveur, libérateur, celui qui sauve.

SARRA, scier, couper avec une scie.

SARRO, scie, instrument pour couper le bois. *Voy.* RÉSSÈGO, *p.* 105.

SARRAÏRÉ, scieur, celui dont le métier est de scier.

SCANDALOUS, scandaleux, qui cause du scandale.

SCANDALISA, scandaliser, causer, donner du scandale.

SCAPURLARI, scapulaire, habit des religieux.

SCOURPIOUN, scorpion, insecte venimeux.

SCRUPULO, scrupule, inquiétude de conscience.

SCHARASCLIN, serin, petit oiseau dont le ramage est fort doux.

SCHÏOULA, siffler, chanter un air en sifflant.

SÉBO, oignon (on ne prononce point l'*i*, mais il sert à mouiller le *g*), plante potagère.

SÉBA, ognonnière, lieu planté d'ognons.

SÉZÉ, seize, nombre composé de 10 et de 6.

SEZÉ, pois, légume qui vient dans une gousse.

SERCLA, sarcler, arracher les méchantes herbes d'un champ, d'un jardin, avec un instrument propre à cet ouvrage.

SERCLAÏRÉ, sarcleur, homme de journée qu'on emploie à sarcler un champ, un jardin, etc.

SERCLÉT, sarcloir, instrument propre à sarcler.

SÉDAS, sas, tissu de crin attaché à un cercle de bois, et qui sert à passer de la farine, du plâtre, etc.

SÉCA, sécher, rendre sec, mettre à sec.

SEGOUNDA, seconder, aider, favoriser, servir quelqu'un dans un travail, dans une affaire.

SÉCOUDI, secouer, remuer une chose fortement.

SÉCRÉTARI, secrétaire, celui dont l'em-

Régréta, regretter, être fâché, être affligé d'une perte qu'on a faite.

Réjéta, rejeter, jeter une seconde fois, repousser.

Réjouégné, rejoindre, réunir des parties qui avaient été séparées.

Réjoui, réjouir, donner de la joie, du divertissement.

Rélacha, relâcher, faire qu'une chose soit moins tendue.

Rémèdi, remède, ce qui sert à guérir quelque maladie.

Remplassa, remplacer, succéder à la place de quelqu'un.

Rémuda, remuer, mouvoir quelque chose, exciter des troubles.

Rénar, renard, animal sauvage, fin, rusé.

Rencountra, rencontrer, trouver une personne, une chose, soit qu'on la cherche, soit qu'on ne la cherche pas.

Rénounça, renoncer, se désister de quelque chose.

Rénoubéla, renouveler, rendre nouveau, recommencer de nouveau.

Rentrado, rentrée, action de rentrer.

Rembersa, renverser, jeter par terre, faire tomber.

Renbouya, renvoyer, envoyer une seconde fois.

Réparatioun, réparation, ouvrage qu'on fait pour réparer.

Répara, réparer, refaire, rétablir quelque chose à un bâtiment, à un ouvrage, le raccommoder.

Répassa, repasser, passer de nouveau, aiguiser, donner du lustre, du poli.

Repenti, repentir, regret d'avoir fait ou de n'avoir pas fait quelque chose. *Se repentir,* avoir un véritable regret d'avoir commis une faute.

Répéta, répéter, redire, dire ce qu'on a déjà dit.

Républa, repeupler, peupler de nouveau un pays qui avait été dépeuplé.

Réplec ou Remplec, repli, pli redoublé.

Répléga, replier, faire plusieurs plis et replis.

Réplica, répliquer, répondre sur ce qui a été répondu par celui à qui l'on parle; répondre.

Respouné, répondre, repartir à quelqu'un sur ce qu'il a dit ou demandé.

Respounso, réponse, ce qu'on répond. Ce mot ne diffère de réplique et de repartie qu'en ce que la réponse se fait à une demande ou à une question ; la réplique se fait à une réponse ou à une remontrance ; la repartie se fait à une raillerie ou à un discours offensant; réfutation, lettre qu'on écrit pour répondre à une autre lettre.

Répousa, reposer, mettre dans une situation tranquille.

Répousouer, reposoir, sorte d'autel qu'on élève et qu'on prépare dans les lieux où la procession passe le jour de la Fête-Dieu, pour y faire reposer le St-Sacrement.

Répoussadé, repoussoir, cheville de fer qui sert à faire sortir une autre cheville de fer où de bois.

Réprengué, reprendre, prendre de nouveau ce qu'on avait donné, engagé, perdu, abandonné, etc.

Réprésenta, représenter, exposer devant les yeux, mettre dans l'esprit, dans l'idée.

RÉPRÉSO, reprise, continuation de ce qui a été interrompu.

RESPECTA, respecter, honorer, porter respect.

RÉTORSÉ, retordre, tordre une seconde fois du fil, de la laine, etc.

RÉTOUCA, retoucher, toucher de nouveau.

RÉBENJO, revanche, action par laquelle on se revanche du mal ou du bien.

RESSOUPÉT, réveillon, petit repas extraordinaire qui se fait entre le souper et le coucher.

RÉBOULTA, révolter, soulever, émouvoir à sédition, porter à la révolte.

RESSÉGO, scie, langue de fer longue et mince, taillée d'un des côtés en petites dents.

RESSÉGAÏRÉ, scieur, celui dont le métier est de scier.

RESSEC, scierie, lieu où l'on scie du bois, de la pierre, etc.

BREN DÉ RESSEC, sciure, ce qui tombe du bois lorsqu'on le scie.

RIBAN, ruban, tissu de fil, de soie, de laine, et qui est plat et mince.

RIBANTAT, rubanté, garni de rubans.

RICOUCHÉT, ricochet, bond que fait une pierre plate jetée obliquement sur la face de l'eau.

RIDÉOU, rideau, morceau d'étoffe pour couvrir quelque chose.

RIFAILLO, ripaille, grand'chère, bonne vie.

RISÉ, rire, faire un certain mouvement de la bouche par l'impression qu'excite en nous quelque chose de plaisant.

RIBO, rive, le bord d'un fleuve, d'un étang, d'une rivière.

RICHOU, rouge-gorge, petit oiseau.

ROUEÏNO, ruine, dépérissement, destruction d'un bâtiment, d'un pays, etc.

ROUEÏNA, ruiner, abattre, démolir, détruire.

ROUMIA, ruminer, remâcher (il ne se dit que de quelques animaux); penser et repenser à une chose.

ROUSTICA, rustiquer, crépir en façon d'ordre rustique.

ROUSÏO, résine, matière inflammable, grasse et onctueuse qui coule, qui sort de certains arbres, tels que le pin, le sapin, le picéa, le térébinthe, etc.

ROUMANO, romaine, instrument dont on se sert pour peser avec un seul poids.

ROUNCA, ronfler, faire un certain bruit de la gorge et des narines en respirant pendant le sommeil.

ROUSÉ, rosier, sorte d'arbuste qui porte des roses.

ROSO, rose, fleur du rosier.

ROUSTI, rôtir, faire cuire de la viande à la broche en la tournant devant le feu.

RODO, roue, machine ronde et plate qui, en tournant sur son essieu, sert au mouvement de quelque chose. *Voy.* CAR, p. 57.

ROUPIO, roupie, goutte d'eau froide et claire qui pend au nez pendant l'hiver.

ROUANÉTO ou PORTO-PICO, rouannette, instrument dont se servent les charpentiers pour marquer le bois.

ROUDÈRO, ornière, trace profonde que les roues d'un charriot ou d'une charrette font dans les chemins.

ROUCHINOL, rossignol, petit oiseau; fût, instrument pour ouvrir les serrures.

de fer avec quoi on ratisse des allées, des degrés, une cour.

Raïa, rayer (qu'on prononce *réyer*), faire des raies.

Rabot, rabot, instrument de menuiserie.

Rabouta, raboter, rendre uni et poli avec le rabot.

Racoumouda, raccommoder, refaire, remettre en bon état.

Racourci, raccourcir, rendre plus court.

Raclouer, râcloir, instrument avec lequel on râcle.

Ragoust, ragoût, mets apprêté pour exciter l'appétit.

Raïnéto, raine, rainette, sorte de grenouille.

Rasim, raisin, fruit de la vigne.

Rasoun, raison, preuve par discours, par argument; sujet, cause, motif.

Rasounablé, raisonnable, qui est doué de raison.

Ranlé, râle, oiseau de passage.

Ramassa, ramasser, faire un amas de plusieurs choses.

Ramouna, ramoner, nettoyer le tuyau d'une cheminée, en ôter la suie.

Ramounur, celui dont le métier est de ramoner.

Rampo, rampe, la partie d'un escalier par où l'on monte d'un palier à un autre.

Rampa, ramper, se traîner sur le ventre comme les serpents, les couleuvres, les vers.

Rançous, rance, qui commence à se gâter.

Raspo, râpe, ustensile de ménage qui sert à mettre en poudre du sucre, de la muscade, etc.; lime dont se servent les sculpteurs, les menuisiers et autres pour mettre leur ouvrage en état de recevoir la dernière main.

Raspa, râper, mettre en poudre avec la râpe.

Rasa, raser, tondre, couper le poil tout près de la peau avec un rasoir.

Rat-d'Aygo, rat-d'eau, rat qui nage et qui vit dans l'eau.

Rébatté, rabattre; en parlant des coutures, il signifie les aplatir, abaisser.

Régo, raie, trait tiré de long avec une plume, un crayon, etc.; l'entre-deux des sillons.

Ren, rang, ordre, disposition de plusieurs choses ou de plusieurs personnes sur une même ligne.

Renja, ranger, mettre dans un certain rang.

Restet, râteau, instrument d'agriculture et de jardinage. *Voy.* Arrestét, *p.* 52.

Restélié, râtelier, deux longues pièces de bois garnies de petits bâtons et placées dans une écurie au-dessus de la mangeoire pour y mettre le foin, la paille qu'on donne aux chevaux, aux bœufs.

Réalisa, réaliser, rendre réel et effectif, accomplir une chose espérée.

Rébasti, rebâtir, bâtir de nouveau.

Rébuta, rebuter, rejeter avec rudesse, refuser.

Récélatou, recéleur, celui qui recèle un vol.

Récébé, recevoir, prendre, accepter ce qui est donné, ce qui est présente.

RÉCERCA, rechercher, chercher de nouveau, chercher avec soin.

RÉCHUTO, rechute, seconde chute.

RÉCITA, réciter, dire quelque chose par cœur.

RÉCLAMA, réclamer, implorer, demander avec instances.

RÉCOUGNA, recogner, repousser, refouler en un coin.

RÉCOUEN, recoin, coin plus caché et moins vu.

RÉCOULTA, récolter, faire une récolte.

RÉCOUMANDA, recommander, charger quelqu'un de faire quelque chose, prier d'être favorable à quelqu'un.

RÉCOUMENÇA, recommencer, commencer de nouveau à faire ce qu'on a déjà fait.

RÉCOUMPENSO, récompense, prix, salaire, compensation.

RÉCOUMPENSA, récompenser, faire du bien à quelqu'un pour un service rendu.

RÉCOUNCILIA, réconcilier, remettre bien ensemble des personnes qui étaient brouillées l'une avec l'autre.

RÉCOUNECHENSO, reconnaissance, récompense qu'on donne pour reconnaître un bon office; gratitude.

RÉCOUNÉCHEN, reconnaissant, qui a de la gratitude pour les bienfaits qu'il a reçus.

RECOUNÉCHÉ, reconnaître, se remettre dans l'esprit l'image d'une chose, d'une personne, quand on vient à les revoir.

RÉCRÉPI, recrépir, crépir de nouveau.

RÉCOEILLÉ, recueillir, amasser, serrer les fruits d'une terre.

RÉCULA, reculer, tirer en arrière.

RÉDÉBENGUÉ, redevenir, devenir de nouveau, recommencer à être ce qu'on était auparavant.

RÉDISÉ, redire, répéter, dire une même chose plusieurs fois.

RÉDRESSA, redresser, rendre droite une chose qui l'avait été auparavant ou qui devait l'être.

RÉGUISNA, ruer, jeter les pieds de derrière en l'air avec force.

RÉFENDOU, réfendoir, instrument de menuiserie ou de charpente avec lequel on refend le bois.

RÉFENDÉ, refendre, scier en long, diviser.

REFLÉCHI, réfléchir, penser mûrement et plus d'une fois à une chose.

RÉFOURMA, réformer, rétablir dans l'ancienne forme.

RÉFRÉDIA, refroidir, rendre froid, devenir froid.

REFRÉDISSAMÉN, refroidissement, diminution de chaleur.

RÉFUSA, refuser, rejeter une demande, une offre.

RÉDAIL, regain, l'herbe qui revient dans les prés après qu'ils ont été fauchés.

RÉGEN, régent celui qui est chargé de l'instruction des enfants.

RÉHÉ, refaire, faire encore une fois ce qu'on a déjà fait.

RÉHOUNÉ, refondre, mettre à la fonte une seconde fois.

RÉGLAMEN, règlement, ordonnance et statut qui prescrit ce que l'on doit faire.

RÈGLO, règle, instrument qui sert à tirer des lignes droites, maxime; foi; bon ordre; exemple; opération d'arithmétique, etc.

RÉGLA, régler, établir une règle.

ploi est de faire et d'écrire des lettres , des dépêches pour son maître.

SÉDUISÉ, séduire, tromper, faire tomber dans l'erreur par ses insinuations , ses écrits, ses discours, ses exemples.

SÉGLÉ, seigle, sorte de blé.

SÈRO, selle, sorte de siége qu'on met sur le dos d'un cheval pour la commodité de la personne qui monte dessus.

SEMMANO, semaine, suite de sept jours à commencer par le dimanche jusqu'au samedi inclusivement.

SÉMÈLO, semelle, pièce de cuir qui fait le dessous d'un soulier.

SÉMIA, semer, épandre de la graine ou du grain sur une terre, afin de les faire produire et multiplier.

SÉMIADÉ, semoir, panier ou sac où l'on met le blé lorsqu'on sème.

SÉMIAÏRÉ, semeur, celui qui sème du grain.

SÉMÈNARI , séminaire , lieu destiné pour élever, instruire, former des ecclésiastiques.

SENTI, sentir, recevoir quelque impression par le moyen des sens.

SÉPARA, séparer, désunir les parties d'un tout.

SÉT, sept, nombre impair qui suit immédiatement le nombre six.

SÉTÉMÉ, septembre, le neuvième mois de l'année.

SÉREN, serein, vapeur froide qui retombe au coucher du soleil.

SERGENT, sergent, bas officier dans une compagnie d'infanterie; instrument dont se servent les menuisiers et les tonneliers pour tenir fortement ensemble plusieurs planches qu'on veut assembler.

SÉRINGLO, seringue, petite pompe qui sert à attirer et à repousser l'air ou les liqueurs.

SERBENTO, servante, femme ou fille qui est employée aux plus bas offices d'une maison.

SERBIÉTO , serviette, linge qui fait partie du couvert que chacun trouve devant soi en se mettant à table.

SERBI, servir, être à un maître comme son domestique.

SERBITOU, serviteur, celui qui sert en qualité de domestique.

SÉDOUN, séton, petit cordon fait de plusieurs fils de chanvre ou de coton, dont on se sert en plusieurs opérations de chirurgie en le passant au travers des chairs.

SÉDO, soie, certaine matière propre à filer et qui est la production d'une espèce de ver.

SÉ, soir, la dernière partie du jour.

SÉOU, suif, graisse dont on se sert pour faire de la chandelle.

SÉGUI, suivre, aller après, accompagner, escorter.

SÉGU, sûr, certain, indubitable, vrai.

SIÉS, six, nombre composé de deux fois trois.

SITNÉ, signe, indice, marque à laquelle on reconnaît quelque chose.

SOULÉ, fenil, lieu où l'on serre le foin.

So, sœur, fille née de même père et de même mère qu'un autre.

SOUIL, seuil, pièce de bois ou de pierre qui est au bas de l'ouverture de la porte et qui la traverse.

SOUL, seul, qui est sans compagnie.

Souègna, soigner, avoir soin, veiller à quelque chose.

Souégnous, soigneux, qui agit avec soin, avec vigilance.

Souarado, soirée, l'espace de temps qui est depuis le déclin du jour jusqu'à ce qu'on se couche.

Soureil, soleil, l'astre qui fait le jour.

Soulidé, solide, qui a de la consistance et dont les parties demeurent naturellement dans la même situation.

Soulitari, solitaire, qui est seul, qui aime à vivre dans la solitude.

Soulibo, solive, pièce de charpente.

Soulibéou, soliveau, petite solive.

Souda, souder, joindre par la soudure.

Sounda, sonder, reconnaître par le moyen d'une sonde.

Sounja, songer, faire un songe.

Soouqué ou Sabuqué, sureau, arbre dont la fleur s'emploie en médecine comme sudorifique et adoucissante.

Souneto, sonnette, clochette fort petite, grelot.

Sourtido, sortie, action de sortir, attaque des assiégés contre les assiégeants dans une place forte.

Sourti, sortir, passer du dedans au dehors.

Soufflét, soufflet, instrument propre à souffler.

Soupa, souper, prendre le repas ordinaire du soir.

Soutano, soutane, habit long à l'usage des ecclésiastiques.

Soubengué (sé), se souvenir, avoir mémoire de quelque chose.

Soujo, suie, matière noire et épaisse qui s'attache au tuyau de la cheminée.

Suda, suer, rendre par les pores quelques humeurs.

Sudou, sueur, humeur, eau qui sort par les pores quand on sue.

Sucra, sucrer, mettre du sucre sur quelque chose.

Surgét, surget, espèce de couture.

Suberpris, surplis, vêtement d'église.

Surbeilla, surveiller, prendre garde à quelqu'un, à quelque chose.

Susléoua, soulever, lever quelque chose de lourd.

T

Tabac, tabac, plante qu'on prépare de diverses manières et qu'on mâche, qu'on fume ou qu'on prend par le nez.

Tabatièro, tabatière, petite boîte où l'on met du tabac en poudre.

Taco, tâche, souillure sur quelque chose.

Tailla, tailler, couper, retrancher avec un instrument.

Taillur, tailleur, celui qui taille n'importe quelle matière.

Talouèros, talonnières, enveloppe de cuir dont on enveloppe le talon pour se garantir du froid.

Taoulo, table, meuble à pieds qui sert à divers usages.

Tan, tan, écorce de chêne moulue avec laquelle on prépare les gros cuirs.

TANA, tanner, préparer des cuirs avec du tan.

TANARÏO, tannerie, lieu où l'on tanne des cuirs.

TAOUAN, taon (on prononce *ton*), grosse mouche qui pendant l'été s'attache aux animaux pour sucer le sang.

TAPATGÉ, tapage, désordre accompagné d'un grand bruit.

TAPISSA, tapisser, revêtir, orner de tapisserie les murs d'une salle.

TARDA, tarder, différer à faire quelque chose.

TASTA, tâter, toucher, manier, goûter.

TAOUPO, taupe, petit animal qui creuse et mine la terre.

TAOUPATÉRO ou HUDÉIL DÉ TAOUPO, taupinière, monceau de terre qu'une taupe a élevée en fouillant.

TAOUPATÈRO, taupière, instrument avec lequel on prend des taupes.

TAOUPAÏRÉ, taupier, celui qui prend de taupes.

TAOURÉ, taureau, jeune bœuf non châtré.

TAMBOURÉOU, tombereau, charrette entourée d'ais, servant à porter de la boue, du sable, des pierres.

TÉPÉ, monticule, petite élévation.

TENCO, tanche, poisson d'eau douce.

TÉMÉRARI, téméraire, hardi avec imprudence.

TÉMÉRITAT, témérité, hardiesse, imprudence.

TEMPESTO, tempête, orage violent, agitation de l'air.

TENGUÉ, tenir, avoir à la main, posséder.

TENTA, tenter, essayer de faire réussir une chose.

TERRÉ, terreau, fumier pourri et réduit en terre.

TERRINO, terrine, vaisseau de terre.

TESTO, tête, la partie qui dans la plupart des animaux tient au corps par le cou et est le siége des organes des sens.

TÉCHÉNÉ, tisserand, ouvrier qui fait de la toile.

TÉCHÉ, tisser, faire un tissu.

TÉLO, toile, tissu de fil, de chanvre, de laine, etc.

TÈOULO, tuile, espèce de carreau peu épais fait de terre grasse cuite au fourneau et dont on se sert pour couvrir les bâtiments.

TÉOULÉ, toit, couvert d'un bâtiment.

TÉOULET, tuileau, morceau de tuile rompue.

TÉOULARÏO, tuilerie, lieu où l'on fait de la tuile.

TÉOULÈ, tuilier, ouvrier qui fait des tuiles.

TINTURO, teinture, liqueur préparée pour teindre.

TINO ou CARIATO, tine, espèce de tonneau plus large par le haut que par le bas, et qui sert à porter de l'eau, de la vendange, etc.

TIRASSO, tirasse, sorte de filet dont on se sert pour prendre certains oiseaux.

TILOUER, tiroir, espèce de petite boite ou layette emboitée dans une armoire.

TISTAIL ou PAÏRET, panier, ustensile de ménage fait d'osier de jonc, etc.

TISTAILLAT, panerée, tout ce qu'un panier peut contenir.

TOUNÉ, tondre, couper la laine ou le poil aux bêtes.

Tounet, tonneau, grand vaisseau de bois fait pour mettre des liquides ou pour enfermer des marchandises.

Tounerro, tonnerre, bruit du tonnerre.

Torcho-Nas, torche-nez, corde ou ficelle dans laquelle on engage la lèvre antérieure du cheval et qu'on serre ensuite avec un morceau de bois.

Tourtis, torchis, mortier de terre grasse.

Tourchon, torchon, espèce de petite serviette de grosse toile dont on se sert pour essuyer la vaisselle.

Touca, toucher, mettre la main sur quelque chose.

Tourno-Gaoucho, tourne à gauche, vis et crochet qui sert à contourner le fer.

- Tourna, tourner, mouvoir en rond.

Tournabit, tournevis, petit instrument de fer avec lequel on serre et on desserre les vis.

Tourtet, tourteau, sorte de gâteau (il est vieux.)

Toussi, tousser, faire l'effort et le bruit que cause la toux.

Traou, trou, cavité.

Traouca, trouer, forer, percer, faire une ouverture de part en part.

Truqua, frapper, donner un ou plusieurs coups.

Trufa (sé), se moquer, se railler.

Trufandé, moqueur, qui se moque, se raille.

Traous barriés, opes, trous des boulins qui restent dans les murs. Les boulins sont ces morceaux de bois qui servent à l'échafaudage.

Tourna, rendre, restituer ce qu'on a pris par fraude.

Trip, saucisson, saucisse qui est fort grosse.

Traouèro, tarière, outil de fer dont les charpentiers, les charrons, les menuisiers se servent pour faire des trous ronds dans un peu de bois.

Tracassa, tracasser, aller et venir, s'agiter, se tourmenter pour peu de chose.

Traça, tracer, tirer les lignes d'un dessin sur le papier, sur la toile, etc.

Trancha, trancher, couper, séparer en coupant.

Tranchét, tranchet, outil à l'usage des cordonniers, bourreliers, etc., servant à couper le cuir.

Trapo, trappe, sorte de piége pour prendre des oiseaux.

Trabailla, travailler, faire un ouvrage de corps ou d'esprit.

Trabersa, traverser, passer à travers d'un côté à l'autre.

Trabuca, trébucher, faire un faux pas, tomber.

Tretzé, treize, nombre qui contient dix et trois.

Tremoula ou Trembla, trembler, être agité par de fréquentes secousses, avoir grand froid.

Tria, trier, choisir, tirer d'un plus grand nombre avec choix.

Tringa, trinquer, boire en choquant le verre.

Trouch, trognon, le milieu du fruit dont on a tiré tout ce qui était bon à manger.

Trés, trois, nombre contenant deux et un.

Trouca, troquer, échanger, donner en troc.

Trouta, trotter, aller au trot, faire bien des courses, bien des voyages pour une affaire.

Troupèt, troupeau, troupe d'animaux de même espèce qui sont dans un même lieu.

Trouba, trouver, rencontrer quelqu'un ou quelque chose.

Troujo, truie, la femelle du porc.

Truélo, truelle, instrument dont les maçons se servent pour employer le mortier.

Trusquin, trusquin, instrument qui sert à marquer l'endroit où l'on veut faire une mortaise.

Tua, tuer, ôter la vie d'une manière violente.

Tutou, tuteur, celui que les lois autorisent pour avoir soin de la personne et des biens d'un mineur.

U

Umblé, humble, qui a de l'humilité.

Umain, humain, qui est de l'homme; doux, affable, secourable.

Umecta, humecter, rendre humide, mouiller.

Umou, humeur, substance tenue et fluide de quelque corps que ce soit; fantaisie, caprice.

Umidé, humide, qui est d'une substance aqueuse.

Umiditat, humidité, qualité de ce qui est humide.

Umilia, humilier, abaisser, donner de la confusion.

Umilitat, humilité, vertu qui nous donne un sentiment intérieur de notre faiblesse.

Unta, oindre, frotter d'huile ou de quelque chose de semblable.

Untis, oing (vieux), graisse de porc dont on se sert pour graisser les roues des carrosses.

Unglo, ongle, subst. m., partie dure qui couvre le dessus du bout des doigts.

Un, un, le premier de tous les nombres.

Unit, uni, sans aspérité.

Unidamen, uniment, simplement, sans façon; également et toujours de même sorte.

Uni, unir, joindre deux ou plusieurs choses en une; rendre égal, ôter les inégalités, polir, aplanir.

Uniber, univers, le monde entier.

Usatgé, usage, coutume, pratique reçue.

Usa, user, faire usage de quelque chose.

Usurpa, usurper, s'emparer par violence du bien de son prochain.

Urla, hurler, il ne se dit que des chiens, des loups qui poussent des hurlements.

Urlét, hurlement, cri des loups, des chiens, etc.

Utis, outil, tout instrument dont les artisans, les laboureurs, les jardiniers se servent pour leur travail.

V

La langue patoise ne se sert point du V au commencement des mots, la labiale B est toujours employée. Ainsi on trouvera à l'article du B, les termes les plus en usage et les plus nécessaires qui se trouvent en français à la colonne du V.

X Y Z

Quant aux termes patois commençant par X ou Y ou Z, ils sont en petit nombre, et d'ailleurs j'ai cru qu'il n'était pas très utile de les faire connaître, parce qu'ils sont ou généralement ignorés pour quelques-uns, ou rarement employés pour d'autres.

AGRICULTURE

AGRICULTURE

Des Labours et des Instruments aratoires.

Labourer c'est retourner et diviser la surface du sol depuis trois pouces environ de profondeur jusqu'à huit, dix ou douze, et plus, suivant le but qu'on se
propose, la nature du semis qu'on veut faire ou la force qu'on peut employer.
Les labours amendent les terres, en présentant tour à tour toutes leurs parties à
l'action de l'air, du soleil et des gelées ; ils favorisent le développement des germes
des plantes et la marche de leurs racines ; ils facilitent l'introduction des eaux
pour qu'elles atteignent ces racines, les alimentent et les rafraîchissent. Les instruments ordinaires pour ce travail sont : la Bêche (*Paloun* ou *Palaher*), la Houe
(*Houssé, Housséro, Trincho*), la Charrue (*Arnés, Beck-Herri*).

La profondeur à donner aux labours est une chose très variable ; elle est absolument dépendante des localités. Dans une terre de bon sol, un puissant moyen
d'amélioration, c'est d'enfoncer beaucoup la charrue de temps à autre pour rame-
ner de la terre vierge du fond, afin de la mêler avec la couche végétale et d'augmenter l'épaisseur de celle-ci. Mais si le fond renferme des matières salines, des
matières ferrugineuses, des magnésies et d'autres choses contraires à la végétation, il y a du danger à faire trop piquer la charrue. Il se trouve des terres où
cette pratique nuit singulièrement à la beauté des récoltes, pendant un grand
nombre d'années, c'est-à-dire pendant tout le temps qu'il faut aux pluies et à
l'action de l'air pour absorber et faire perdre à la terre végétale tout ce qu'on y
a mêlé de contraire à la pousse des plantes herbacées. Cependant, règle générale,
défoncer c'est prendre le moyen le plus sûr d'améliorer le sol, puisque par ce
procédé on en augmente l'épaisseur, mais souvent c'est en se privant de belles
récoltes pendant quelques années. Il faut donc ne pratiquer les défoncements que
très légèrement à la fois, et toujours d'après les résultats qu'on en obtient.
L'avoine est de tous les grains fromentacés celui qui s'accommode le mieux de
ces défoncements.

Pour la culture des céréales, les labours les plus profonds ne dépassent point six à huit pouces ; pour certaines plantes légumineuses et autres qui pivotent, telles que les navets, carottes, betteraves, il les faut de dix à douze pouces quand le terrain peut le permettre.

Les instruments essentiels d'une bonne culture sont principalement des tombereaux pour le transport des terres et des terreaux ; des voitures à cage (*chariot à roulons*) pour transporter les fumiers, les grains et les fourrages ; des charrues (*arnés*), des herses (*arrasclé*) pour diviser les terres ; des rouleaux (*roun-léou*) ayant au moins vingt pouces ou deux pieds de diamètre pour écraser les grosses mottes et plomber les terres et les plantes qui en ont besoin ; des pelles de bois pou remuer et ramasser les grains, etc. ; des fléaux (*eslayéts*) pour faire sortir le blé et les autres graines de leurs balles ; des tables cintrées à claire-voi pour le même usage ; des vans ou ventilateurs (*bentadé*) pour retirer la paille et les balles du grain ; des cribles (*passadé* ou *crièro*) pour séparer le petit grain du plus gros et en faire deux qualités ; des brouettes à coffre et à civières pour sortir les fumiers des écuries ; des fourches de fer à deux ou trois dents, les premières pour charger les gerbes (*garbos*) dans les charrettes, les secondes pour charger les fumiers et les répandre dans les champs ; des hoyaux (*bécat*) et des bêches pour entamer les marnes et autres terres qu'on a besoin de mettre dans les tombereaux, ou pour dégager les voitures enfoncées dans les ornières, et des moulins à bras pour concasser les grains ou résidus du criblage qu'on veut donner aux bestiaux.

Des Céréales.

Opération qu'on doit faire au blé avant de le semer pour le garantir du charbon.

VITRIOLAGE.

Pour vitrioler, prenez, terme moyen, dix centimes de vitriol par chaque hectolitre de blé ; faites-le bouillir dans deux litres d'eau environ ; lorsque le vitriol est bien fondu, arrosez votre blé ; retournez-le ensuite trois ou quatre fois avec la pelle pour que tous les grains soient bien enveloppés par l'eau vitriolée, puis étendez-le de manière que les grains ne soient pas trop entassés les uns sur les autres et qu'ils puissent sécher. Ce moyen, au dire de nos bons praticiens, l'emporte de beaucoup sur ceux qui ont été employés jusqu'ici contre le charbon des blés. L'emploi de l'arsenic est dangereux.

Procédé pour bien semer.

Le semeur emploie un panier ou un morceau de toile d'environ six pieds de long sur trois pieds et demi de large, ayant à l'une des extrémités des ouvertures pour passer la tête et les bras, et avec lequel il forme devant lui une espèce de corbeille.

Il tâche toujours de suivre les sillons et d'avoir le vent de côté. Si le grain qu'il jette à la volée en demi-cercle va, par exemple, de ses pieds jusqu'à trente sillons, au bout du champ, il se reporte plus loin; non pas à l'extrémité de sa première jetée, mais seulement à dix sillons; et après avoir changé de main, il regagne la première rive, en jetant son grain du même côté, toujours à la même distance, afin de dépasser la première jetée seulement de dix sillons, et ainsi de suite jusqu'à la fin du champ qu'il ferme ensuite en reprenant les rives sur lesquelles il n'a pas encore passé trois fois : cela s'appelle semer sur trois *essieus*. Quelquefois, et surtout quand le vent est peu favorable, on ne sème que sur deux : par exemple, si le premier grain jeté ne peut couvrir que vingt-quatre sillons, c'est à douze qu'on se porte. S'il n'y a point de sillons pour déterminer les essieus, on espace et on se sert de jalons. Toute autre manière de semer à la main semble généralement mauvaise et elle ne peut naître que de la paresse et de la difficulté de semer de l'une et de l'autre main.

Extirpation des mauvaises plantes.

Lorsque le tuyau de l'épi veut commencer à monter, il faut s'occuper de faire extirper les mauvaises plantes; c'est une opération non seulement indispensable à la végétation du blé et à la netteté du grain, mais encore à la propreté des terres pour le bien des récoltes subséquentes, parce qu'à force de soin, il ne s'y trouve plus de mauvaises graines pour lever avec les divers semis. S'il y avait du seigle parmi le blé, comme il épie quatre à cinq semaines plus tôt et qu'alors il est beaucoup plus élevé, on peut le détruire avec un instrument tranchant qui, au-dessus du blé, en coupe les tiges.

La Moisson.

La moisson doit se faire à la première maturité du blé ; on peut commencer même avant qu'il ait acquis toute sa dureté, pourvu que la paille soit bien sèche et que le grain soit bien formé, il n'en aura ensuite que plus de qualité. Si vous en laissez sur pied au-delà de ce terme, la grande sécheresse de la paille fait que les épis sont sujets à se décoller : alors évitez de faire travailler dans le milieu du jour.

La faucille, la sape ou faulx à main et la faulx sont les instruments ordinaires pour couper le blé. La première est de rigueur pour les blés très versés, surtout en différents sens ; pour les autres, la seconde est préférable parce qu'elle égrène moins que la faulx ordinaire, lorsqu'elle est maniée par d'habiles moissonneurs.

La faucille est de tous les instruments le moins expéditif pour faire la moisson il laisse plus de paille dans le champ parce qu'il ne peut la couper très ras de terre. Il a de plus l'inconvénient de fatiguer extrêmement le moissonneur parce qu'il ne lui permet de travailler que la tête baissée ; il respire donc toutes les vapeurs de la terre, sans pouvoir être rafraîchi par le courant de l'air qui frappe toujours la figure de l'ouvrier qui travaille debout ou peu baissé.

Dans l'opération avec la sape ou la faulx à main, le moissonneur se tient un peu moins courbé ; de la main droite, s'il n'est pas ce qu'on appelle gaucher, il donne son petit coup de faulx, de la largeur de deux pieds à trente pouces , et du bras gauche il enveloppe ce qu'il vient de couper, et ainsi de suite jusqu'à ce qu'il ait dans le bras de quoi faire une petite javelle ou au moins une demi-javelle, qu'il pose à côté de lui. Il y a des moissonneurs qui coupent jusqu'à trente ares de blé par jour. Pour moissonner des grains avec la grande faulx, qui a ordinairement vingt-huit à trente pouces de long, il faut qu'elle soit plus large, et surtout vers le talon, que pour les foins : elle doit être surmontée de crochets soutenus par un arc de bois flexible fixé sur le manche de la faulx. Ces crochets doivent être composés de quatre doigts tous placés dans le sens parallèle à la faulx, à deux pouces et quelques lignes les uns au-dessus des autres. Le premier est d'un pouce environ moins long que la faulx ; le second d'un pouce moins long que celui-ci, et les autres diminuant de même longueur ; de sorte que le plus élevé est de trois à quatre pouces moins long que la faulx ; les jambes de force qui soutiennent les doigts avec l'arc fixé sur le manche de la faulx doivent être à vis, afin de pouvoir, en les tenant plus ou moins courtes, mettre les doigts un peu plus ou un peu moins en avant de la faulx, suivant qu'il est nécessaire pour embrasser le blé, qui peut être un peu penché, soit naturellement, soit par l'effet du vent qui l'agite. Dans les avoines, le faucheur, quelquefois, jette doucement à gauche, en dehors de ce qui est encore à couper, le résultat de son coup de faulx. Dans le blé, il fauche toujours en dedans, et ses crochets font accoter la *coupe* sur le blé restant debout. Un jeune homme ou une femme ramasse derrière chaque faucheur ce qu'il vient de couper. Pour le faire, il passe la main gauche en dessous de la fauchée, et il s'avance en cet état et en accumule assez, tout en maintenant de l'autre main tous les épis dans la même direction, jusqu'à ce qu'il en ait de quoi faire une javelle. Souvent il arme sa main droite d'une faucille et il s'en sert au lieu de la main pour se garantir des chardons, des bougrandes ou d'autres herbes piquantes, s'il y en a, et aussi pour maintenir les épis dans le même sens, ou relever avec la pointe de l'instrument ceux qui peuvent se trouver placés de travers.

Une fois les javelles formées, on les laisse sur la terre pendant quelque demi-journée d'un beau soleil, pour faire faner l'herbe qu'elles peuvent renfermer; on les lie ensuite en gerbes desquelles on fait de petits tas qu'on appelle *dizeaux*, parce qu'ordinairement ils sont de dix. Pour les former, on met d'abord quatre gerbes, les épis les uns sur les autres, afin que ceux de deux gerbes seulement posent sur la terre; et sur ces quatre gerbes on pose les six autres, les épis tournés du côté où on prévoit qu'il pourra venter ou pleuvoir; autrement le vent et la pluie prenant les gerbes par le talon, l'un pourrait les renverser, et l'autre les pénétrer. Observez que les épis des six gerbes du dessus étant tous du même côté, et que la paille étant plus bouffée, ils se trouvent un peu en baissant et en égout. Les dizeaux doivent être bien alignés dans le champ, afin que quand on va pour les charger, on n'ait pas à faire bricoler les voitures pour aller de l'un à l'autre.

Ne mettez jamais du blé chargé d'humidité ni dans vos granges, ni dans vos gerbières. Toutes les meules de grain doivent se construire sous la forme conique, mais ne commençant à diminuer qu'à la hauteur de douze à quinze pieds, où il doit y avoir même un peu d'élargissement. Pour procéder à une gerbière, prenez d'abord votre circonférence; mettez au milieu une gerbe, les épis en haut, elle vous servira pour appuyer les autres contre elle, un peu de chant, l'épi toujours relevé et en vous éloignant jusqu'à l'extrémité. Le premier lit étant formé, commencez les autres par la circonférence, en plaçant le premier rang de chaque lit de gerbes ayant le talon à l'extérieur, et les autres en sens contraire jusqu'au centre où chaque lit vient se terminer.

Sur une circonférence de huit grands pas de diamètre, on peut placer cinq à six milles gerbes et même jusqu'à sept mille, lorsque le tassement a été bien fait et l'élévation bien ménagée. C'est un nombre assez considérable pour que le plombement du grain serre le tout si fortement, que la vermine, principalement les rats, qui font pour l'ordinaire, tant de ravages dans les granges, ne puisse s'y introduire. J'en ai vu rester entièrement intact pendant deux ans, tandis que le blé avait acquis dedans ou conservé la plus belle qualité.

Les meules se couvrent depuis le faîte jusqu'au lieu où elles vont commencer à diminuer de diamètre, c'est-à-dire qu'on les couvre depuis la hauteur de dix ou douze pieds de terre jusqu'au sommet. La couverture descendant jusqu'au lieu où elles ont le plus de largeur éloigne les eaux de leur pied.

Pour couvrir, on commence par fixer à l'entour de la meule, à l'aide de forts piquets en bois, au point où doit commencer la couverture, un cordon rond en paille d'environ neuf pouces de diamètre. On fait ensuite de petites bottes de paille, pouvant tenir à peu près entre les deux mains, les doigts se joignant et liées près de l'épi, de manière qu'elles fassent un gros talon. On pose les premières de ces petites bottes au-dessus du cordon, mais de sorte que leur talon pose dessus, et on les fixe dans la meule par de petits piquets en bois à l'endroit de la liûre. Enfin on pose les suivantes au-dessus de celles-ci et toujours en remontant jusqu'au sommet, qu'on termine en pointe par une plus grosse botte de paille qu'on attache par un très gros piquet.

Manière expéditive de scier, de battre et de vanner le blé.

Nos moissonneurs faisant usage de faucilles qui sont très recourbées, et prenant de l'autre main le blé qu'ils veulent scier, n'en peuvent jamais embrasser que très peu à la fois, et de plus, en sciant le blé avec activité, il ne leur arrive que trop souvent de se couper les doigts.

En Turquie, les ouvriers qui scient les blés se servent d'une faucille qui n'a qu'une courbure médiocre, et de l'autre main ils tiennent un outil en bois, ayant aussi à peu près la forme d'une faucille, mais dont le manche est percé de trois trous dans lesquels ils mettent les doigts : ils embrassent avec la partie courbe de cet instrument, beaucoup plus de blé qu'ils ne pourraient le faire avec la main seule : ils les contiennent avec le pouce, et les scient sans crainte de se couper les doigts, qui sont garantis par le manche où ils entrent. Ils travaillent de cette manière en sûreté, et avancent leur ouvrage quatre fois plus vite qu'on ne fait dans ce pays-ci.

C'est un usage adopté en Flandre, en Suisse, en Champagne, de faucher les blés comme on fauche un pré. Cette pratique est moins fatigante et plus expéditive que celle de nos moissonneurs.

Voici la méthode qu'employaient les Romains : le moissonneur, armé d'une faucille, saisit de la main gauche une poignée d'épis, vers le haut des tiges, au-dessous des épis, et coupe de la main droite. Il lui reste dans la main une poignée d'épis avec un demi-pied de paille au plus, qu'il met dans un grand tablier autour de lui; ce tablier plein est vidé dans un grand sac de toile. Par ce procédé, six moissonneurs font l'ouvrage de neuf et se fatiguent infiniment moins. Ce n'est pas tout, on fauche la paille sans risquer d'égrener et de perdre du blé et cette récolte de la paille est encore plus expéditive.

Les manières de battre le blé en usage dans toutes les contrées de l'Europe, se réduisent à deux : l'une consiste à faire fouler, par un certain nombre de mulets ou de mules placés sur le même rang, les gerbes déliées et éparpillées circulairement sur l'aire. L'autre méthode est celle que tout le monde connaît dans nos contrées , c'est de battre le grain en plein air ou en grange avec des fléaux; cette dernière paraît la meilleure, parce qu'elle ménage la paille et la conserve dans toute sa longueur, ce qui la rend utile à différents métiers, surtout à celui de tourneur et empailleur de chaises. Le piétinement des mules, au contraire, hache la paille.

Les mécaniciens ont longtemps cherché des moyens de suppléer aux batteurs en grange, mais toujours en vain, parce qu'il ne suffit pas de frapper sur la paille pour faire détacher les grains contenus dans l'épi, mais il faut encore retirer cette paille à soi pour en changer la position; c'est ce que fait aussi le batteur en grange, en retirant son fléau, qui doit frapper selon toute sa longueur. Or, toute machine étant fixe sur sa base ne peut produire ce double effet, parce que l'un contrarie l'autre dans l'état supposé.

La méthode qu'on emploie en Turquie pour battre les blés est fort expéditive : on a une espèce de herse, formée de deux grosses planches épaisses chacune de quatre doigts, garnies de pierres à fusil tranchantes, disposées par bandes dans la largeur de la machine ; on y attelle deux chevaux : un homme, qui les conduit, s'assied et augmente encore, s'il est nécessaire, son poids naturel, en mettant sur cette espèce de herse quelque chose de pesant. On dispose les gerbes de blé en rond, sur un terrain bien battu, et le conducteur fait passer sa herse sur ces gerbes ainsi couchées à terre ; de cette manière un homme fait plus d'ouvrage par jour que dix de nos batteurs. Les habitants du Nordland emploient des chariots à dix-huit roues pour le même usage.

Pour vanner le blé, on emploie la machine connue sous le nom de ventilateur, qui, par le moyen d'une manivelle, donne du vent qui sépare parfaitement le blé de la balle ou paillerin. On suit généralement pourtant la méthode de jeter le blé en l'air par le moyen d'une pelle ou d'un crible et de le passer au vent.

Du Maïs. (1)

Le maïs offre beaucoup de variétés : il n'y a peut-être pas de plante qui soit susceptible d'en offrir davantage. Il suffit de planter deux variétés l'une à côté de l'autre pour en avoir une troisième. On en a obtenu cinq à six par ce moyen. Le plus avantageux, dans les environs de Paris, est le moyen à huit rangs ; le grand n'y mûrit pas toujours. Il y en a une petite variété très précoce, nommée *maïs à poulet*. Elle n'est pas assez productive en grain pour être cultivée en plein champ.

A la fin d'avril ou au commencement de mai, lorsqu'il n'y a plus de gelées à craindre, on peut planter le maïs par touffes espacées de dix-huit pouces, dans une terre bien fumée qu'il effrite beaucoup. On met deux grains par touffe, et souvent on en arrache un pied lorsqu'il en lève deux. On le sème aussi à la volée et beaucoup mieux en rayons. Il demande des binages et veut être buté, afin que les vents n'en puissent pas faire éclater les tiges. Vers la mi-août, et toutefois après la fécondation, on retranche au maïs les panicules des fleurs mâles, lesquelles, comme on sait, ne portent point de graines, et ne servent qu'à féconder par la poussière de leurs étamines ; on retranche aussi toutes les branches des épis qui sont charbonnés ; les bons épis paraissent très bien profiter de ce retranchement qui sert à la nourriture des bestiaux.

(1) On prononce le *S*.

C'est vers la fin de septembre qu'on récolte ordinairement le maïs. On enlève, en tordant un peu avec la main, les épis des tiges, et on en fait des tas dans le champ ou on le met dans des voitures appropriées. Rendu à la maison, on le laisse en épis si l'on veut, après lui avoir fait, au soleil ou à l'étuve, ressuyer son eau de végétation. Si on le conserve tout égrené, il faut avoir soin de le remuer comme le blé. On égrène le maïs au moyen d'une bêche ou pelle qui, du manche, appuie sur une chaise ou sur tout autre objet, et du fer sur une tinette ou tout autre vaisseau ; on s'assied sur la douille de la pelle et on fait avec un peu d'effort de la main et du poignet, tourner l'épi que l'on tient par la queue sur cette branche de fer, et on en détache tous les grains de la gaîne où ils sont fixés avec une promptitude et une facilité étonnantes.

Après l'arrachis du maïs, il reste encore sur les branches des feuilles ou fanes dont les bestiaux peuvent à la rigueur se nourrir ; le surplus sert à faire du feu, à chauffer le four et à donner des cendres. Si dans les chenils on donne aux chiens pour litière les fanes des épis de maïs, on est sûr qu'ils n'auront point de puces, parce que ces insectes redoutent le velouté qui se trouve dessus.

La farine de maïs fait un pain qui lève mal et est difficile à digérer ; mêlée avec celle de froment, elle fait un bon pain de ménage. Pour qu'elle ne s'oppose pas à la levûre et à la fermentation de la pâte, il faut d'abord en composer avec de l'eau une bouillie ordinaire, qu'on fait cuire ; la verser dans le pétrin et y joindre, après le levain, de la farine de froment, ce qu'elle en peut absorber, ce qui va à peu près à sa quantité, afin de composer une pâte convenable à la confection du pain. C'est le plus souvent sous la forme de bouillie qu'on emploie la farine de maïs à la campagne ; mais quoiqu'elle ne soit pas nuisible aux gens d'une forte santé, elle n'est pas encore, sous cette forme, supportable pour ceux qui ne sont pas d'une constitution un peu robuste. Le maïs est excellent pour engraisser les porcs, et, en vert, tous les bestiaux sont avides de son feuillage. Il est aussi très bon pour l'engrais de la volaille.

Du Pain.

L'expérience a fait reconnaître la bonté des préceptes suivants :

1° Le grain pur et de bonne qualité est préférable, quoique plus coûteux, au mauvais ; le pain qu'il rend est moins cher et d'une meilleure qualité ;

2° Le froment et le seigle nouveaux ne sont pas sains, surtout lorsque l'année a été humide : il convient d'attendre pour les travailler qu'ils aient au moins passé l'hiver ;

3° Il ne faut pas faire moudre le seigle et le froment ensemble, parce que le grain du seigle étant plus petit que celui du froment, la mouture ne porte pas également sur l'un et sur l'autre ; il vaut mieux ne mêler les farines qu'après qu'elles ont été faites séparément ;

4° Lorsque les meules vont trop fort ou sont trop serrées, le son devient menu comme de la farine, et passe avec celle-ci dans le bluteau : la farine pèse davantage, à la vérité, mais elle ne fait pas un pain aussi nourrissant ; d'ailleurs, le grain qui contient du son reste humide et moisit promptement ;

5° Lorsque le son est trop gros, et qu'on y a laissé trop de farine, il faut le faire tremper dans de l'eau durant une nuit, passer cette eau dans un linge et l'employer à faire du pain ;

6° La farine est meilleure quand elle est faite depuis un mois ;

7° Il ne faut pas tenir la farine près des écuries, ni d'aucun endroit d'où s'exhalent de mauvaises odeurs. Il est nécessaire que les sacs de farine soient posés sur des planches et non sur la terre. Il est utile aussi de retourner de temps à autre ces sacs, pour mettre plus à l'air le côté qui était contre la muraille.

8° Quand la farine est de bon grain, bien faite et pure, quinze livres prennent sept à huit livres d'eau ;

9° Le vieux levain donne un goût aigre au pain ;

10° Quand on ne fait pas souvent du pain, il faut tenir le levain très chaudement, pour lui conserver sa force, et le rafraîchir tous les jours, c'est-à-dire y ajouter un peu de farine et d'eau ;

11° Pour bien mettre en levain, on emploie plus de la moitié de la farine dont on veut faire le pain ;

12° Toutes les eaux potables sont bonnes pour faire le pain ; néanmoins on ne doit les verser dans le pétrin qu'à travers un linge. Il est nécessaire que l'eau soit tiède, mais jamais bouillante, pas même en hiver. Lorsqu'on veut faire le pain à l'eau froide, comme en été, il faut le pétrir davantage ; de cette manière, il est meilleur ;

13° Il faut pétrir toute la pâte jusqu'à ce qu'elle ne tienne plus aux mains ; plus on l'aura pétrie, meilleur sera le pain. Le pétrissage est de la plus grande utilité ;

ce n'est que par son moyen que l'on unit intimement la farine et l'eau; union absolument nécessaire pour l'uniformité et la promptitude de la fermentation;

14° Quand la pâte est faite et qu'on la met lever sous des couvertures, il faut avoir le plus grand soin que celles-ci soient propres; sans cette précaution, le pain contracte une mauvaise odeur et ne lève pas assez;

15° Les vieux bois qui ont été peints sont dangereux pour chauffer le four; ils donnent au pain une mauvaise qualité;

16° Lorsque la pâte est assez levée, il faut enfourner sans délai; autrement la pâte fermente trop et s'aigrit. On doit veiller à ce que le four ne soit ni trop chaud ni pas assez, et que la chaleur soit également répandue partout;

17° Les pains trop grands cuisent mal;

18° On doit laisser ressuer et refroidir le pain avant de le manger, non-seulement afin qu'il ne nuise pas, mais encore pour qu'il dure davantage;

19° Le pain bis est peu nourrissant; le pain blanc de fine farine nourrit bien davantage. Celui qui est fait avec du levain se digère très aisément; le pain que l'on fait, au contraire, sans levain, est plus difficile à digérer;

20° La vieille farine fait de mauvais pain. Le meilleur pain est celui qui est léger, blanc, troué, fait de bonne farine de froment et d'un peu de seigle mêlés ensemble, bien levé et cuit à propos. Celui qui réunit toutes ces qualités se digère très aisément, et est très nourrissant.

Manière ordinaire de faire le pain.

Ayez un levain, qui est un morceau de pâte qu'on a gardé de la dernière cuisson, et pesant deux ou trois livres, plus ou moins, selon la quantité de pain que vous voulez faire; pour le pain bourgeois, c'est la sixième partie de la farine qu'on peut employer. Mettez, avant de vous coucher, la quantité nécessaire dans une huche : rangez-la des deux côtés, mettez le levain dans le vide du milieu; jetez dans ce milieu de l'eau chaude à souffrir aisément la main, et seulement ce qu'il en faut pour détremper le levain : étant délayé, formez-en peu à peu, avec un tiers de la farine, une pâte un peu ferme; laissez-la au milieu de la huche; couvrez-la d'une serviette, renversez dessus le reste de la farine qui est aux deux côtés; couvrez la huche de son couvercle. En hiver, on couvre le levain de quelque chose d'épais, et quelquefois on met un réchaud de fer par dessus. Le lendemain matin, faites chauffer de l'eau ; relevez la farine comme elle était d'abord : ôtez la serviette, et jetez de l'eau chaude sur le levain : délayez-le bien, en sorte qu'il n'y ait point de grumeaux ; formez la pâte du reste de la farine , observant surtout de ne point mettre trop d'eau : plus la pâte est pétrie vite et mollement, plus le pain est léger : celle du pain de ménage se pétrit moins et plus lentement, ce qui le rend plus ferme.

Toute la pâte étant faite, on la couvre bien ; dans les grands froids, on met du feu dessous, on laisse la pâte en cet état une heure ou une heure et demie, et jusqu'à ce qu'elle soit levée. Cependant, on chauffe le four ; ensuite on donne à la pâte la forme du pain qu'on souhaite, et on le met sur une table, de manière que les pains ne se touchent point. Le four doit être chaud également et à propos ; s'il l'est trop, le dessus du pain brûle, et le dedans ne cuit pas , et , quand il ne l'est pas assez, il ne cuit pas du tout. On connaît que le four est assez chaud, lorsqu'en frottant un peu fort avec un bâton le carreau ou la voûte, il en sort des étincelles. Alors on ôte les tisons et les charbons ; on range quelque peu de braise à côté de la bouche du four : on le nettoie avec l'écouvillon, au bout duquel sont quelques morceaux de vieux linge, qu'on mouille dans l'eau claire et qu'on tord avant de s'en servir. On bouche le four un peu de temps pour laisser abattre sa chaleur ; puis on l'ouvre , et on enfourne promptement le pain : on garnit le fond des plus gros pains, et on garde la place du milieu pour les petits ; puis on bouche le four. On laisse cuire le pain une heure, si c'est du pain bourgeois. On connaît qu'il est cuit lorsqu'après en avoir tiré un, et le frappant du bout des doigts, il résonne assez ferme. A l'égard du gros pain, on le laisse deux heures avant de le tirer ; plus de temps le rendrait rouge en dedans et de mauvais goût. On ne doit pas renfermer le pain qu'il ne soit bien refroidi.

Méthode pour conserver le pain frais.

Il faut le placer dans une cave aérée, et le disposer, couche par couche, dans un tonneau bien latté et fait d'un bois léger, tel que le saule. On établira dans le tonneau cinq à six tablettes ou rangs de claies d'osier, supportées par des tasseaux ; il y aura entre chaque rang, garni de pains, un pouce ou deux d'intervalle, ensuite on fermera le tonneau. Le pain, en cet état, peut se conserver frais pendant plus de trente jours.

(*Extrait du* Dictionnaire des Ménages.)

Pain économique.

Ce pain, dont on ne peut trop multiplier la recette en faveur des malheureux, est composé d'un mélange d'orge, d'avoine, de vesces blanches et vertes, de grosses et petites fèves; on n'y a mis tout au plus qu'un huitième de cette dernière espèce de légumes. Rien de plus simple que la manière de faire ce pain. Après avoir fait moudre ces grains, on sépare la farine du gros son. Ceux qui ajoutent des pommes de terre les pèlent toutes crues, les râpent et les jettent dans un vase rempli d'eau. Douze heures après ils les en tirent pour les mettre dans une corbeille, et lorsque l'eau s'est écoulée, ils pétrissent ces pommes de terre avec le reste. D'autres personnes ont adopté la pratique de peler les pommes de terre, de les faire bouillir, de les mettre ensuite dans une corbeille pour en tirer l'humidité, et lorsqu'elles sont bien sèches, de mêler le tout et de le pétrir ; mais on a observé que la meilleure méthode est de couper les pommes de terre en petits morceaux, après les avoir pelées, de les faire sécher dans le four lorsqu'on vient d'y cuire du pain, ou sur les poêles, et de les faire moudre avec les autres grains ou légumes. Lorsque ce pain a été fait avec soin, il est sain, nourrissant et d'un bon goût, surtout s'il est frais; quand il est rassis, il est plus dur que du pain de seigle, sans néanmoins contracter aucun mauvais goût. On a soin pour rendre ce pain plus agréable et plus savoureux, de jeter une ou deux poignées de sel dans la pâte, qu'on laisse ensuite bien lever pendant la nuit.

De la Châtaigne.

On ne doit cueillir la châtaigne que lorsqu'elle est parfaitement mûre. La nature indique la mâturité du fruit par sa chute; et presque toujours le hérisson ou bogue, en tombant sur terre, s'ouvre et le fruit en sort : le propriétaire vigilant enverra au moins tous les deux jours et de grand matin faire la cueillette du fruit tombé, et ses gens presseront doucement avec le pied le hérisson qui ne sera pas ouvert, afin d'en faire sortir le fruit. Aussitôt que la châtaigne est tombée de l'arbre, il faut l'enlever. Si cet enlèvement se fait à la rosée, et par un temps de brouillard, le fruit se conserve mieux. Dans plusieurs endroits on creuse des fosses dans lesquelles on jette le hérisson qui renferme la châtaigne; souvent ces fosses se remplissent d'eau. Dans d'autres on amoncelle en plein air les hérissons, et ils restent dans cet état jusqu'à ce qu'ils s'ouvrent, et que le fruit s'en détache. Ces méthodes sont défectueuses; ces monceaux fermentent, la chaleur s'y excite, elle pénètre dans l'intérieur du fruit, y concentre l'humidité qui ne peut s'échapper à travers l'écorce, et enfin dispose le germe à se développer. Bientôt on vend le fruit : il est beau, bien renflé, mais il est déjà moisi dans son intérieur. Il vaudrait mieux, aussitôt après la cueillette, porter les hérissons sous des hangars exposés à un libre courant d'air, et faire le lit peu épais. La dessiccation suivrait alors une marche progressive et non interrompue, et le fruit perdrait peu à peu cette eau surabondante de végétation qui le fait moisir. Si l'on veut que la châtaigne se conserve longtemps, sa dessiccation doit être lente, uniforme et soutenue; enfin on doit remuer de temps à autre les châtaignes à la pelle, afin que celles de dessous se dessèchent aussi également que celles de dessus. Si en enfonçant la main dans le monceau on sent de la chaleur, c'est une preuve que la fermentation s'y est établie et le signe le plus certain du peu de durée de la châtaigne dans un état sain. Le propriétaire est puni de sa négligence : il perd sa récolte.

Afin d'empêcher une nouvelle fermentation, lorsqu'on les amoncelle après cette première dessiccation, entre chaque lit peu épais on place des feuilles sèches de bruyères, des tiges de fougères, de la petite paille, ou bien l'on stratifie les marrons avec du son, du sable très sec, de la cendre. On doit tenir les châtaignes dans des lieux très secs, très exposés à un courant d'air non humide ou trop froid; la gelée fait périr ce fruit et surtout le marron.

Les châtaignes et les marrons, ramassés au grand soleil, exposés ensuite à ses rayons pendant sept à huit jours, sur des claies que l'on retire tous les soirs, et que l'on pose les unes sur les autres dans l'endroit de la maison le plus chaud, acquièrent la propriété de se conserver très longtemps et même de supporter les plus longs trajets sans rien perdre de leur saveur agréable et de la faculté de se reproduire.

Pour manger la châtaigne verte pendant toute l'année, on fait bouillir ce fruit pendant quinze à vingt minutes dans l'eau, on l'expose ensuite à la chaleur d'un four ordinaire, une heure après que le pain en a été tiré. La châtaigne acquiert ainsi un degré de cuisson et de dessiccation propre à la conserver très longtemps, pourvu qu'on la tienne dans un lieu extrêmement sec. On peut s'en servir ensuite en la mettant réchauffer au bain de vapeur ou au bain-marie. Ceux qui préfèrent la manger froide, n'ont besoin que de la laisser renfler à l'humidité pendant un ou deux jours.

Moyen de dépouiller les châtaignes de leur peau intérieure.

Pour les dégager de cette pellicule intérieure, qui est adhérente dans les sinus profonds de ce fruit, et lui ôter cette petite amertume contenue dans sa substance extractive, on enlève aux châtaignes, sans les faire cuire, la peau extérieure : on les met ensuite dans un pot plein d'eau bouillante. La chaleur de l'eau pénètre cette pellicule fine adhérente à la surface du fruit, qu'on n'a pu détacher. Pour l'enlever plus promptement, et en dépouiller une plus grande quantité à la fois, les limousins se servent d'un instrument qu'ils nomment le *déboiradour*.

Cet instrument est composé de deux barres de bois d'environ un pouce d'équarrissage, attachées en forme de croix de St-André, au milieu de leur longueur, par une cheville autour de laquelle les bras des barres sont mobiles en forme de tenailles. On a pratiqué, le long des deux bras qui sont destinés à entrer dans le pot, plusieurs coches sur leurs quatre arêtes : on enfonce ces espèces de tenailles dans le pot en ouvrant et fermant; par cette action réitérée, les châtaignes s'en échappent, glissent entre les parois du pot et les deux bras des leviers : elles se dépouillent de cette pellicule qui vient surnager à la surface de l'eau : on les retire, et pour achever d'ôter le peu de pellicule qui peut encore y adhérer, on les agite sur le *greloir*, espèce de crible fait de lattes croisées : on les lave bien dans de l'eau pour détacher les restants de pellicule, et enlever la partie extractive amère. Les châtaignes ainsi dépouillées et lavées, il s'agit d'achever de les faire cuire. On les met dans une petite quantité d'eau chaude avec du sel. On les fait bouillir pendant quelques minutes; on décante l'eau, et on finit la cuisson en couvrant bien le couvercle du pot avec un linge : la chaleur se concentre; elles achèvent de se cuire à sec et se dessèchent. On les agite en remuant le pot, de peur qu'elles ne brûlent, et elles acquièrent un goût, une saveur que n'ont point celles qui ont été cuites à l'eau avec toutes leurs peaux, et même celles qu'on fait cuire sous la cendre; les plus agréables sont celles qui sont rissolées et les plus privées de leur eau extractive. On ne prend pas toujours tant de soin, mais en général cette méthode rend les châtaignes plus agréables.

HORTICULTURE

HORTICULTURE

Outils et Ustensiles de Jardinage.

BÈCHE. — Cet instrument est trop connu pour que nous en donnions la description. En général, elle doit être de bon fer corroyé de l'acier. Il faut qu'elle soit proportionnée à la force de l'ouvrier qui s'en sert, à la nature du sol qui peut être plus ou moins léger ou compacte, et exiger des labours plus ou moins profonds. La bêche dite fourchue n'est qu'une fourche à dents plates, avec laquelle on évite de couper les racines qu'il est important de ménager.

BINETTE. — Cet instrument est une espèce de houe mince et légère, dont on se sert particulièrement pour relever la terre autour des plantes, ce qui s'appelle *biner* ou *buter*.

BROUETTE. — Il y a plusieurs sortes de brouettes, telles que les *brouettes* proprement dites, les *brouettes à civières* et les *échelles-brouettes*. Nous nous bornerons à dire que la brouette doit être, quant à sa contenance, proportionnée à la force de l'individu qui l'emploie.

CISAILLES. — Espèce de gros ciseaux dont on se sert pour élaguer les palissades tondre les buis de bordures, etc., etc.

CLAIE. — Cadre garni de tringles plus ou moins rapprochées, au travers desquelles on passe la terre pour la débarrasser des pierres et des autres corps durs.

CORDEAU. — Corde dont on se sert pour les alignements, en attachant chaque extrémité à un piquet.

COUTEAU A ASPERGES. — Espèce de couteau fait de telle sorte que l'on peut, avec lui, couper des plantes hors terre, sans risquer de détruire celles qui germent à côté.

CRIBLE. — Instrument au moyen duquel on passe la terre pour la rendre plus fine ou plus meuble.

CROCHET. — Instrument dont on se sert pour arracher les mauvaises herbes qui croissent entre les pierres, et pour biner autour des plantes en pot.

CROCHET A FUMIER. — Espèce de fourche à dents recourbées dont on se sert pour tirer le fumier de dessus la voiture.

CROISSANT. — Instrument tranchant avec lequel on taille ou élague les arbres des allées.

CUEILLOIR. — Les cueilloirs sont appropriés aux fruits à la cueillie desquels on doit les employer.

ECHELLES. — Les échelles doubles s'emploient pour la taille des arbres, la récolte des fruits, etc. Les échelles servent au palissage des espaliers.

ECHENILLOIR. — Instrument propre à débarrasser les arbustes des chenilles, fléau de l'horticulture. La forme de cet instrument varie selon les plantes ou arbustes auxquels on veut l'appliquer.

FÉCHOU. — Espèce de houe propre à enlever la terre du fond des fossés et à amonceler les terreaux.

FOURCHE. — Instrument très connu, propre à étendre les fumiers, etc.

GREFFOIR. — Espèce de couteau dont la lame est arrondie vers l'extrémité, et dont le manche est terminé par une espèce de lame en os ou en ivoire.

HACHETTE. — On se sert de la hachette pour couper des branches trop grosses pour pouvoir être enlevées avec la serpette.

HERSE. — Instrument traîné par un homme ou un cheval, afin de nettoyer les allées d'un jardin.

HOTTE. — On l'emploie ordinairement pour transporter du fumier ou du terreau dans les endroits où l'on ne peut passer avec la brouette.

HOUE. — Instrument dont la lame est ordinairement carrée, et dont on se sert pour labourer la terre, Il y a aussi des houes à lame arrondie, fourchue, triangulaire ; leur emploi est le même que celui de la bêche.

HOULETTE. — Instrument dont on se sert pour tirer de la terre les ognons des fleurs et transplanter les petites plantes.

HOULETTE A CROCHET. — Espèce de canne ayant une houlette à l'une de ses extrémités, et un crochet à l'autre, et à l'aide de laquelle on peut abaisser une branche ou biner une plante sans se baisser.

MARQUES. — Etiquettes fixées à l'extrémité d'un piquet, et qui servent à marquer les variétés des plantes.

Paniers. — On se sert beaucoup de paniers pour les travaux de jardinage ; leur forme varie à l'infini ; il n'y a point de règle à ce sujet.

Pelle. — Instrument de bois très connu, que l'on emploie à une foule de travaux.

Pince de Treillageur. — Espèce de tenaillé dont on se sert pour l'emploi du fil de fer.

Pioche. — Les jardiniers n'emploient guère la pioche que pour la déplantation des arbres.

Plantoir. — Morceau de bois, haut de dix-huit pouces et pointu par le bas, à l'aide duquel on fait des trous pour planter les petites plantes.

Pompes. — On se sert de plusieurs espèces de pompes pour l'arrosement des jardins. La pompe de Dietz est surtout d'un emploi très facile.

Rateau. — Le rateau s'emploie pour ameublir la terre que l'on a labourée ; on s'en sert aussi pour nettoyer les allées des jardins.

Ratissoires. — Il y a des ratissoires de plusieurs espèces ; en général, elles s'emploient pour enlever les herbes qui poussent dans les allées.

Rouleau. — Espèce de cylindre en bois ou en fer que l'on roule sur les pièces de gazon pour les unir.

Sarcloir. — Instrument propre à extirper les mauvaises herbes qui croissent sur les plates-bandes.

Scies. — Les jardiniers se servent de plusieurs espèces de scies dans l'opération de la taille des arbres pour enlever les grosses branches dont la position ne permet pas l'emploi de la serpette ou de la hachette.

Sécateur. — Instrument employé pour la taille des arbres ou des arbrisseaux. Il est composé de deux branches très tranchantes.

Serfouette. — Espèce de binette propre à serfouir la terre entre les plantes rapprochées les unes des autres.

Serpe. — La serpe est d'un usage fréquent dans le jardinage ; on l'emploie particulièrement pour façonner des pieux, des tuteurs, et pour couper de grosses branches.

Serpe d'Élagueur. — Cette serpe s'adapte à un manche long et flexible, et sert à élaguer les arbres des allées.

Serpette. — Instrument très connu, employé particulièrement à la taille des arbres et arbrisseaux. Il y a des serpettes de plusieurs dimensions.

THERMOMÈTRE-PIQUET. — Thermomètre à l'usage des jardiniers ; sa construction est telle qu'il peut résister aux chocs violents.

TRAÇOIR. — Instrument qui sert à tracer les rayons.

TRANSPLANTOIR. — Cet instrument ressemble à la houlette ; mais il est plus grand. On s'en sert pour transplanter toutes sortes de plantes.

TRIDENT. — On emploie le trident pour labourer les terres légères, à peu de profondeur.

VAN. — Le van est nécessaire pour nettoyer les graines. Le van employé par les jardiniers est ordinairement de petite dimension.

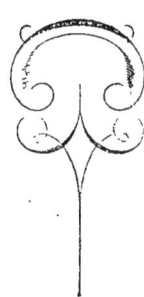

MÉDECINE DOMESTIQUE

MÉDECINE DOMESTIQUE

Exercices du corps. — Gymnastique.

Les muscles de toutes les parties du corps, ou de quelques-unes de ses parties seulement, selon que l'exercice est général ou partiel, deviennent plus gros et plus forts s'ils sont fréquemment contractés. Ils ne peuvent être condamnés à l'inaction sans devenir frêles et débiles, et sans qu'un pareil état nuise à la santé générale, en laissant acquérir aux autres organes une prédominence fâcheuse. Si tant d'enfants sont débiles, si chez eux certains tissus, prenant un développement morbide, jettent les autres dans une funeste atonie, les habitudes sédentaires, l'inertie à laquelle on condamne les organes qui ont besoin de s'agiter, doivent entrer en compte parmi les causes de pareilles imperfections. Les enfants sont loin d'être assez exercés dans les colléges; les petites filles surtout ne le sont guère en aucune manière, et cependant l'action et l'accroissement de leurs muscles auraient le grand avantage de diminuer chez elles l'excessive sensibilité qui devient souvent plus tard une source de douleur.

Depuis quelque temps on prend l'habitude de faire exercer les petites filles au saut de la corde. Ce moyen de mouvement est loin d'être le plus favorable. Il accélère vivement la circulation, cause des palpitations, gorge le cerveau de sang. On doit recommander aux enfants de ne s'y livrer que modérément et avec plus de lenteur qu'ils n'en mettent communément à faire tourner leur corde.

Les mouvements fréquemment répétés dans le jeune âge activent les digestions, provoquent un sommeil réparateur, diminuent les dangers du développement des passions, et donnent une vigueur, une agilité, une adresse qui peuvent être fort utiles, et qui sont assurément une perfection de plus.

La marche est l'exercice le plus fréquent de tous. Ce genre de mouvement sur un sol uni est très favorable. La promenade réveille l'appétit, facilite les selles ; mais il n'est pas indifférent qu'elle soit faite dans un lieu ou dans un autre. La marche dans l'intérieur des villes, dans les rues mal propres et fétides, est loin de produire les mêmes effets qu'en plein champ, sur les bords d'une rivière, dans les bois, ou sur les lieux élevés. Là, tout contribue à faire d'un pareil exercice un puissant moyen de santé. La course est une marche très rapide, et est loin d'offrir les mêmes avantages. Cet exercice doit être rare et court. Il active beaucoup trop la respiration et la circulation pour pouvoir être sans danger. Il dispose aux hémoptysies, aux anévrismes, aux hernies, et on a plusieurs fois vu périr tout-à-coup des hommes qui venaient de franchir une grande distance à la course.

Cet exercice est cependant moins dangereux dans l'enfance qu'à tout autre âge; il peut même être salutaire chez quelques enfants lymphatiques, dont le système circulatoire languit, et dont la peau sèche ne fait pas ses fonctions; mais ce n'est toujours qu'avec les plus grandes précautions qu'il pourra être permis, et on devra l'interdire tout à fait à ceux dont le cœur bat avec force et d'une manière douloureuse lorsqu'ils s'y livrent. Il est très probable que beaucoup de maladies du cœur ne reconnaissent pas d'autre cause. La course sera encore plus fatigante et plus dangereuse sur un terrain montant ou descendant que sur un sol uni.

Le saut, pourvu qu'on s'y livre avec prudence et adresse, n'est point un mauvais exercice, parce qu'il n'est pas, ainsi que la course, une succession de mouvements continus, qu'il permet, au contraire, des intervalles de repos. Il a l'avantage d'exercer à la fois tous les muscles. Mais pour qu'il soit salutaire, il faut que le corps retombe doucement et qu'on ait soin de toucher d'abord le sol avec l'extrémité des pieds, afin de décomposer la secousse. La chute sur les talons, sur un terrain résistant, peut à l'instant même donner la mort en produisant une commotion cérébrale, ou causer des accidents plus ou moins graves. La promptitude et la force des contractions musculaires, d'une part, et la difficulté de régler parfaitement la chute d'un mouvement si rapide, d'autre part, exposent à des hernies, à des fractures, des entorses et des luxations. Le saut sur un pied est trop fatigant, les mouvements en sont trop brusques et les secousses trop vives.

La danse serait un exercice avantageux s'il était modéré, mais il en est un grand nombre qui paient plus tard bien chèrement le plaisir que la danse a pu leur procurer. La valse, en particulier, est une danse fatigante et dangereuse.

La natation exige à peu près le concours de tous les muscles. Elle a de grands avantages, et par la nature des mouvements, qui ne sont ni trop brusques ni trop violents, et par la fraicheur salutaire du milieu dans lequel on s'y adonne. La natation peut être extrêmement utile comme moyen de développement du système musculaire chez les enfants scrofuleux ou disposés à l'être, et cet exercice devrait être également conseillé à beaucoup de femmes hystériques, chez lesquelles on ne saurait trop remuer l'appareil locomoteur. L'escrime est également un bon moyen d'exercer les muscles, d'acquérir de la vigueur, de l'adresse, de la promptitude.

La chasse à pied est à la fois une occasion de marcher beaucoup et un moyen d'exercer la plupart des sens. Elle est une distraction fort convenable chez quelques personnes. La marche, la course, les sauts qu'elle exige, la diversité des localités qu'on parcourt accélèrent la digestion, impriment une grande activité à tout l'organisme.

La chasse des oiseaux aquatiques, au milieu des marais, est loin d'avoir les mêmes avantages que celles des autres animaux. Elle expose, ainsi que la pêche, aux affections rhumatismales et aux maladies de poitrine. Pour qu'un exercice actif soit favorable à la digestion, il faut qu'il ne soit pas trop violent, et qu'il ne suive pas trop immédiatement le repas.

Plusieurs autres exercices, presque tous salutaires lorsqu'on s'y livre modérément, reproduisent avec quelques variétés ceux que nous venons d'énumérer. Tels sont les jeux de balle, de ballon, de paume, de volant, de billard, de palet, de boule, de cerceau. Tantôt ils exigent principalement les efforts des membres thoraciques, et tantôt ceux des extrémités inférieures. Les uns ou les autres seront conseillés préférablement selon que les jambes ou les bras auront plus ou moins besoin d'acquérir la vigueur qui leur manque. Mais il convient encore plus souvent de les employer alternativement parce qu'on rencontre plus de constitutions d'une faiblesse générale que relative. La durée de ces exercices sera toujours proportionnée à la vigueur individuelle, et on ne perdra jamais de vue que l'excessive fatigue d'un organe ne peut tourner ni à son profit ni à celui de l'économie.

C'est par un usage judicieux de ces différents mouvements que les enfants acquerront une force et une agilité que rien ne saurait remplacer, qu'ils prépareront pour leur âge mûr et pour leur vieillesse tous les avantages d'une bonne santé.

Nous ne saurions trop le répéter, les exercices gymnastiques sont beaucoup trop négligés de nos jours. On sent fort bien l'utilité de perfectionner l'action de la pensée : pourquoi ne peut-on pas sentir de même celle de perfectionner le mouvement.

L'équitation et la voiture sont de très bons moyens de santé, pourvu que, comme pour tous les exercices, on y use de modération et de ménagement.

Maintenant que nous avons traité de presque tous les exercices, parlons du sommeil.

Peu de besoins sont plus impérieux que celui du sommeil : il est difficile d'y résister, à moins que l'abus de la pensée n'ait exalté la sensibilité cérébrale d'une manière presque morbide. Les effets du sommeil sont promptement sentis : à l'accablement et à la fatigue qui le précédaient succèdent un sentiment de bien-être, une grande activité, plus de perfection dans toutes les facultés. Jamais l'organisme n'est mieux disposé, jamais les mouvements ne sont plus libres, la pensée plus juste et plus féconde qu'après le sommeil. Il est d'autant plus réparateur qu'il est plus profond et plus complet.

Un certain nombre d'heures doit être accordé chaque jour au sommeil : il est relatif à chaque individu.

Les enfants, les femmes et les personnes faibles ont besoin d'un long repos ; les vieillards dorment peu.

L'habitude peut assurément modifier beaucoup à cet égard les besoins naturels, mais ce n'est jamais impunément qu'on abrége le temps qu'il faut accorder à ce puissant moyen de réparation, et on se trompe en voulant ainsi doubler l'existence. Les veilles prolongées l'abrégent constamment et de plus donnent naissance à une foule d'infirmités, telles que la maigreur, des affections cérébrales, un caractère irascible, etc.

Un trop long sommeil a aussi beaucoup d'inconvénients : il ruine les facultés intellectuelles et les organes locomoteurs, par défaut d'exercice. Six ou huit heures de sommeil conviennent communément au plus grand nombre de personnes. Nous ne parlons que des gens en bonne santé ; les malades doivent dormir davantage.

L'heure la plus convenable pour se coucher serait celle de neuf et on devrait alors se lever entre quatre et cinq heures du matin. Cette habitude serait surtout convenable dans la belle saison.

L'habitude de dormir dans la journée est mauvaise dans notre climat, et y est presque toujours le résultat de la mollesse ou d'une alimentation trop abondante. Ce sommeil n'est pas réparateur ; il laisse la tête pesante et la bouche amère.

Les personnes qui chargent trop leur estomac s'endorment après le repas : les organes de la digestion ne doivent jamais être assez occupés pour nuire ainsi à l'exercice des autres.

Il est peu salutaire de se livrer au sommeil en plein air : l'inaction rend infiniment plus sensible aux impressions atmosphériques. La fraîcheur de la terre, de l'ombre, le vent peuvent produire dans ce cas les accidents les plus graves. Ces causes déterminent souvent des maladies parmi les hommes des champs. Il est également fort dangereux de dormir au soleil, surtout la tête nue. Il l'est aussi de coucher sur des plantes très aromatiques , telles que le foin nouveau. Profitons de cette observation pour recommander de ne jamais laisser de fleurs dans une chambre à coucher. L'excitation du sens de l'odorat éloigne le sommeil, et il arrive souvent aux parfumeurs d'être tourmentés par de longues insomnies.

Qu'on se garde surtout d'y laisser du charbon allumé. Que de victimes cette imprudence n'a-t-elle pas faites!

LEÇONS DE MORALE

LEÇONS DE MORALE

Comme je l'ai déjà dit au commencement de cet ouvrage, il n'est rien de comparable à un homme qui possède à fond la science, qui connaît parfaitement sa religion et qui la pratique.

Si la science, si la richesse, si l'usage du monde ou cette élégance de la vie qui accompagne la richesse, constituaient l'homme, on pourrait accuser la providence. L'envie des classes moyennes contre les hautes et des classes inférieures contre les moyennes serait justifiée. Le plus grand nombre sera toujours condamné à ne point partager la richesse proprement dite. La science non plus n'est pas à la portée de tout le monde. Il faut aller au loin chercher les académies dans les grandes villes, y dépenser plusieurs années de sa vie et beaucoup d'argent : on a acquis alors, ou l'on est censé avoir acquis une certaine somme de connaissances. Pour être savant, comme on l'est de nos jours, il faut même consacrer une grande partie de sa vie à l'étude d'une seule branche de ces connaissances.

Mais heureusement ni la science, ni la richesse, ni rien de mondain ne constituent l'homme. La religion seule fait l'homme, et celle-là est accessible à tous, aux pauvres et aux riches, aux ignorants et aux savants, mais surtout aux pauvres et aux ignorants, à ceux que le monde a déshérités. L'homme, c'est cet être d'origine divine qui est nous-même, mais qui, par suite du premier péché, est tombé dans l'esclavage de la chair ou de l'animalité. Il gémit aujourd'hui sous le joug de cette animalité ; il a besoin de secours pour être délivré, et il ne s'agit que de savoir d'où peut lui venir ce secours.

La richesse qui apporte dans notre existence toutes sortes de raffinements, embellit l'animalité, et par conséquent la rend plus séduisante. Elle la sert donc au lieu de la combattre. Considérez dans une réunion brillante toutes ces femmes magnifiquement parées ; voyez tous ces jeunes gens à l'habit et aux manières élégantes; que cherchent-ils? que se demandent-ils les uns aux autres? du plaisir. C'est là la vie du monde, et la vie du monde et des gens de plaisir, c'est l'animalité. La richesse sert encore à nous procurer toutes sortes d'aisances qui, si nous n'y prenons garde, nous amollissent singulièrement et tendent à donner aux sens le dessus sur la partie spirituelle de notre être.

La science exerce nos sens aux observations les plus minutieuses; elle plie notre esprit aux combinaisons et aux calculs les plus abstraits, mais voilà tout. Elle a pour loi suprême cette fameuse sentence d'Aristote, savoir : que l'entendement humain ne peut rien connaître si ce n'est ce qui lui vient par les sens. N'ayant ainsi pour base que les données des sens, elle ne peut connaître que les choses sensibles; mais elle ne saurait s'élever à la connaissance de Dieu ni à celle de nous-mêmes. De là que la science, telle qu'on l'entend de nos jours, n'est bonne qu'à des applications ou à des découvertes industrielles, et qu'elle devient un simple moyen de gagner de l'argent et de servir à augmenter les besoins et les jouissances de l'animalité. Quant au savant lui-même, après qu'il a cultivé pendant trente ans, plus ou moins, une branche spéciale de la science; il n'est pas rare que son esprit devienne incapable de saisir autre chose, et que son jugement s'affaiblisse.

Mais avez-vous, ne fût-ce qu'une fois, rencontré un vénérable cultivateur, dans la pleine mâturité de l'âge, dont la vie ait été celle d'un homme de bien, et dont le cœur ait été nourri depuis longtemps par la prière et la lecture des livres de la vie intérieure? Quelle lumière douce et quelle paix sa parole répand autour de lui!! Tandis que le savant connaît les petits détails des choses humaines, l'homme simple dont nous parlons possède la sublime connaissance de Dieu, de sa miséricorde, de sa justice, en même temps qu'il a appris à se connaître lui-même. La religion a soumis sa volonté, purifié son cœur, rectifié son jugement, ennobli et réglé sa raison, et enfin c'est chez lui que vous trouverez un frein imposé aux sens et un joug à l'animalité. Cet homme si humble, c'est l'homme dans sa grandeur et sa véritable dignité. Aussi, toute sa personne, sa démarche, ses gestes, trahissent cette élévation intérieure à laquelle il est parvenu, et il y a par dessus tout cela, dans sa parole et dans sa conduite, un calme inexprimable; car l'expérience lui a profité : il connaît les hommes et sait tout pardonner. Cet homme, il est vrai, est rare à trouver, même au milieu des champs; néanmoins on le rencontre quelquefois, et si un plus grand nombre d'hommes ne lui ressemblent pas, ce n'est pas que la religion leur manque, mais c'est qu'eux manquent à la religion.

La religion, qui est donc seule nécessaire à l'homme, a été donnée à tous, et sans cesse elle nous appelle tous à entrer dans son sein. Cherchons donc, comme de braves soldats, à suivre le drapeau, les enseignes du vainqueur de Satan, et, suivant ses traces, marchons hardiment et avec confiance sur la voie qui mène au bonheur.

LEÇONS D'UN VIEILLARD A SON FILS

LEÇONS D'UN VIEILLARD A SON FILS

I.

Mon fils, pour être heureux comment faut-il s'y prendre?
Si tu veux l'écouter, ton père t'en instruit;
Retiens bien sa leçon; mais c'est peu de l'apprendre,
Il faut que ta conduite en exprime les fruits.

II.

Chaque jour, sans manquer, exerce ta mémoire;
Est-il rien de plus doux que de beaucoup savoir?
L'étude peut donner la fortune et la gloire,
Et la science est encore au-dessus du pouvoir.

III.

Avant tout, rends hommage au Créateur Suprême;
Après Dieu, de tes jours révère les auteurs :
Honore tes parents; dans tes maîtres, de même,
Vois tes premiers amis et tes vrais bienfaiteurs.

IV.

Garde-toi de mentir, cette habitude est vile,
Elle aggrave les torts qu'elle veut déguiser;
La fraude est toujours basse et n'est jamais utile,
Au lieu qu'un franc aveu peut tout faire excuser.

V.

Si quelqu'un d'une faute a daigné te reprendre,
Rends-lui grâce ; et surtout tâche de profiter
Du service amical qu'il a voulu te rendre,
En ne l'exposant pas à te le répéter.

VI.

Mais l'adulation tend des piéges qu'on aime :
Qu'une fois on y tombe, on n'en peut échapper.
L'art des flatteurs n'est rien sans notre faible, extrème,
Ils ne trompent que ceux qui se laissent tromper.

VII.

Aux discours du flatteur ne te laisse pas prendre,
Car bien souvent, hélas ! on ne peut qu'y périr !
Sois prudent ; la prudence, on ne peut trop l'apprendre,
Mais avec le travail tu pourras l'acquérir.

VIII.

Un misantrope aigri ne se fie à personne,
Un fou croit tout le monde, ils ont tort tous les deux :
Le soupçonneux mérite aussi qu'on le soupçonne,
Et le sort du crédule est toujours hasardeux.

IX.

Si tu commets le mal seulement en idée,
Songe de quels regards tu dois être aperçu :
La vigilance humaine est en vain éludée :
Dieu voit tout, l'œil de Dieu ne peut être déçu.

X.

D'un secret confié respecte le mystère,
Des amis éprouvés ont sur toi du crédit,
Tu leur ouvres ton cœur, mais toi-même il faut taire
Ce que tu ne veux pas qui puisse être redit.

XI.

Garde ta vue afin de garder ta pensée;
Des objets indécents ne sois pas curieux;
Lorsque l'honnêteté d'un spectacle est blessée,
Le cœur des spectateurs se corrompt par les yeux.

XII.

A tout discours impur ferme aussi ton oreille,
Et de qui s'en amuse évite l'entretien :
Quand la pudeur s'endort, la débauche s'éveille;
Jamais son style affreux ne doit être le tien.

XIII.

C'est l'étude, ô mon fils, qu'il faut que tu préfères,
Combien de ses trésors tu dois être jaloux !
Ses racines d'abord te sembleront amères,
Mais dans peu tu verras que les fruits en sont doux.

XIV.

As-tu joué? du temps c'est un abus frivole :
Que t'en reste-t-il? rien; peut-être des regrets.
As-tu lu? de l'emploi de ce temps qui s'envole,
L'utile souvenir ne s'efface jamais.

XV.

On ne peut pas toujours se livrer à l'étude ,
Un repos ménagé remonte nos ressorts ;
Mais son excès produit une autre lassitude
Qui ruine l'esprit en énervant le corps.

XVI.

Mon fils, les soins d'autrui se règlent sur les nôtres,
Et l'on fait son bonheur en faisant des heureux :
Tu ne peux être aimé si tu n'aimes les autres ;
Veux-tu qu'ils soient pour toi ? montre-toi donc pour eux.

XVII.

Du méchant quelquefois la fortune est prospère ;
Mais son éclat ne peut éblouir ton regard :
Sois sûr qu'au fond du cœur il porte une vipère
Qui le ronge et qui doit l'étouffer tôt ou tard.

XVIII.

Aimes-tu le repos ? travaille en ta jeunesse ;
De ton loisir futur jette les fondements :
Ce laurier respectable ombrage la vieillesse
Quand on l'a cultivé dès les premiers moments.

XIX.

Lorsque dans un miroir tu trouves ton image,
Des dehors extérieurs si tu peux t'applaudir,
La vertu doit toujours être leur apanage ;
O mon fils ! pour tes mœurs tremble de t'enlaidir.

XX.

Si la nature ingrate, en formant ton visage,
Ne t'a pas des dehors accordé l'agrément,
Embellis ton esprit, polis tes mœurs, sois sage,
Répare par le fond le défaut d'ornement.

XXI.

Ce dont tu peux rougir, tu ne dois pas le faire ;
Le mal, même secret, en existe-t-il moins ?
A soi-même jamais on ne peut se soustraire,
Et dans sa conscience on a mille témoins.

XXII.

Nous n'avons qu'une bouche et notre oreille est double :
En nous formant ainsi quel fut le but de Dieu ?
L'homme, pour éviter la discorde et le trouble,
Doit écouter beaucoup et doit parler très peu.

XXIII.

Mon fils, sois attentif, soigneux en toutes choses ;
Il faut revoir souvent ce qu'on veut conserver ;
Vigilant sur ses biens, l'œil du maître s'oppose
A ce que les voleurs les viennent enlever.

XXIV.

La paresse d'abord nous séduit et nous flatte ;
Elle avilit bientôt qui s'en laisse enivrer :
Du pénible travail l'apparence est ingrate,
Mais il comble d'honneur lorsqu'on veut s'y livrer.

XXV.

Sois sobre ; la sagesse à tout âge l'ordonne ;
Mais au tien, point de vin, s'il n'est noyé dans l'eau :
Au nectar de Bacchus l'enfant qui s'abandonne,
Dans un brasier ardent jette un brasier nouveau.

XXVI.

Joindre un air de douceur avec un ton modeste ;
C'est le moyen de plaire et d'avoir des amis ;
On chérit la candeur, mais l'orgueil qu'on déteste,
Gâte les plus beaux dons qu'en nous le ciel a mis.

XXVII.

L'amour de l'or, mon fils, est d'une âme commune,
C'est l'amour des vertus que tu dois embrasser ;
Elles peuvent toujours remplacer la fortune,
La fortune jamais ne peut les remplacer.

XXVIII.

De ce qu'on veut savoir, la trace ineffaçable,
Quand on lit avec fruit, reste dans le cerveau ;
Si tu lis en courant tu graves sur le sable,
Ou tu veux dans un crible aller puiser de l'eau.

XXIX.

Evite la colère, abhorre la vengeance,
Haineuses passions dont la honte est le prix :
Souvent ce qui nous fâche est digne d'indulgence :
A l'injure il est beau d'opposer le mépris.

XXX.

Sur les monts élevés l'aquilon brise, arrache,
Déracine les pins, les chênes, les ormeaux ;
Dans le creux du vallon l'arbrisseau qui se cache
Voit fleurir à l'abri ses paisibles rameaux.

XXXI.

Un enfant ne doit pas usurper la parole :
Son lot est d'écouter, de répondre à propos ;
On connaît la sottise à son babil frivole,
Le véritable esprit s'exprime en peu de mots.

XXXII.

L'ambition de même exposée aux tempêtes
A de plus grands périls condamne la grandeur,
Des pénates obscurs protégent mieux nos têtes,
Et la sécurité vaut mieux que la splendeur.

XXXIII.

Veux-tu savoir, mon fils, le chemin de la gloire,
De celle qui du moins tente un esprit bien fait ?
Aux hommes garde-toi d'en vouloir faire accroire ;
Ce que tu veux paraître, il faut l'être en effet.

XXXIV.

A son maître l'enfant qui tremble de déplaire
Ne craint pas de subir un honteux châtiment ;
Mais s'il ose braver une juste colère,
La rigueur, à regret, supplée au sentiment.

XXXV.

Heureux le jeune élève animé d'un beau zèle,
En qui la vertu brille et devance les ans !
De tous ses compagnons c'est le digne modèle,
L'honneur de son logis, l'amour de ses parents.

XXXVI.

On le recherche, on l'aime, à le voir on s'empresse,
Et par les vœux publics il se voit secondé,
Mais pour le lâche enfant qu'enchaîne la paresse,
En lui parlant, hélas ! on croit se dégrader.

XXXVII.

Malheureux par sa faute, on le suit, on le chasse,
Il est bientôt l'objet d'un mépris éternel ;
Et son père lui-même (ô comble de disgrâce),
Ne le voit presque plus d'un regard paternel.

XXXVIII.

Une chute première entraîne une autre chute ;
Si l'on ne se corrige, on s'habitue au mal :
Mon fils, dès le principe il faut qu'on s'exécute
Ou l'on ne peut plus vaincre un penchant trop fatal.

XXXIX.

Mais ce n'est pas assez que d'être exempt de vice,
Quelques difficultés dont on soit combattu,
Rien ne doit écarter d'un cœur jeune et novice,
Le désir, le besoin, le goût de la vertu.

XL.

Du bien que l'on t'a fait conserve la mémoire ;.
En toute occasion tu dois la relever :
Mais du bien que tu fais ne tire point de gloire,
Laisse à d'autres que toi le soin de l'observer.

XLI.

S'il faut te décider quand l'honnête et l'utile,
Paraissant opposés, te tiennent en arrêt,
Ta règle est dans ton cœur, c'est ton premier mobile;
L'honneur, sans balancer, doit vaincre l'intérêt.

—

EPILOGUE.

XLII.

Je ne veux pas lasser ton oreille attentive,
Je m'arrête : c'est peu que ces premiers avis;
Mais, mon fils, que ton cœur s'en pénètre et les suive ,
Mes yeux de tes progrès seront bientôt ravis.

XLIII.

Commence seulement, commence avec courage,
Des obstacles enfin tu seras triomphant,
Obtiens que l'Eternel bénisse ton ouvrage,
Offre à Dieu tes efforts et deviens son enfant.

XLIV.

Le matin, quand du lit tu sors avec l'aurore,
Le soir, quand le besoin t'invite au doux sommeil,
Dis-lui du fond du cœur : Dieu bon, Dieu que j'adore,
Dirige mon travail, mon repos, mon réveil.

XLV.

Ah ! si ton cœur est pur, si ton zèle est sincère
Le ciel, n'en doute pas, exaucera tes vœux ;
Oui, mon fils, l'Eternel touché de ta prière,
T'enverra le bonheur des enfants vertueux.

XLVI.

Dieu sait ce qu'il te faut beaucoup mieux que toi-même,
Il te préservera de tout mauvais penchant ;
Si tu te souviens bien que ce Juge Suprême
Doit couronner le juste et punir le méchant.

Ces vers, comme on le voit, renferment tout ce qu'un homme doit savoir pour être honnête homme et bon chrétien. Quiconque les lira avec fruit et avec une attention soutenue, sentira s'opérer en lui des changements prodigieux ; tous, fût-ce des savants, y trouveront toujours quelque chose de caché et d'agréable ; ils y trouveront la règle de leur conduite.

MAXIMES DE MORALE

MAXIMES DE MORALE

Rendez au Créateur tout ce qu'on doit lui rendre,
Réfléchissez avant que de rien entreprendre.
N'ayez société qu'avec d'honnêtes gens,
Ne vous enflez jamais de vos heureux talents.
Conformez-vous toujours aux sentiments des autres,
Cédez modestement si l'on combat les vôtres.
Donnez attention à tout ce qu'on vous dit,
Et n'affectez jamais d'avoir beaucoup d'esprit.
N'entretenez personne au-delà de sa sphère,
Et dans tous vos discours soyez toujours sincère.
Tenez votre parole inviolablement,
Mais ne promettez pas inconsidérément.
Soyez officieux, complaisant, doux, affable,
Et vous montrez toujours d'un abord favorable.
Sans être familier, ayez un air aisé,
Ne décidez de rien qu'après l'avoir pesé.
Aimez sans intérêt : pardonnez sans faiblesse,
Soyez soumis aux grands sans aucune bassesse.
Captivez avec soin l'amitié d'un chacun,
A l'égard des procès n'en intentez aucun.
Ne vous informez point des affaires des autres :
Avec attachement attachez-vous aux vôtres.
Prêtez sans intérêt, mais toujours prudemment.
S'il faut récompenser, faites-le noblement.
Et de quelque façon que vous vouliez paraître,
Que ce soit sans excès et sans vous méconnaître.

Compatissez partout aux disgrâces d'autrui :
Supportez ses défauts; soyez fidèle ami.
Supportez les chagrins où l'esprit s'abandonne,
Sans les faire jamais rejaillir sur personne.
Où la discorde règne établissez la paix,
Et ne vous vengez point qu'à force de bienfaits.
Reprenez sans aigreur : louez sans flatterie,
Riez honnêtement : entendez raillerie.
Estimez un chacun dans sa profession,
Et ne critiquez rien par ostentation.
Ne soyez pas ingrat : payez toutes vos dettes,
Sans jamais reprocher les plaisirs que vous faites.
Prévenez les besoins d'un ami malheureux :
Sans prodigalité, montrez-vous généreux.
Modérez les transports d'une bile naissante :
Jamais ne parlez mal de la personne absente.
Ménagez votre bien, et vivez sobrement,
Ne vous fatiguez point sur le gouvernement.
Dans la perte ou le gain, suivez la loi divine,
Au jeu que l'intérêt jamais ne vous domine.
Toujours dans vos discours, modeste, retenu,
Que rien sur vos devoirs ne vous soit inconnu.
Parlez peu, pensez bien, et ne trompez personne,
Et faites toujours cas de tout ce qu'on vous donne.
Loin de tyranniser le pauvre débiteur,
De la tranquillité soyez plutôt l'auteur.
Au bonheur du prochain ne portez point envie,
Ne divulguez jamais ce que l'on vous confie.
Gardez votre secret, ne vous vantez de rien,
Vous serez le portrait du Sage et du Chrétien.

LE BONHOMME RICHAR

PROVERBES

DU BONHOMME RICHAR.

1. La manière de donner vaut plus que ce qu'on donne.
2. Qui est ami de tous, ne l'est de personne.
3. L'affection aveugle la raison.
4. A père avare, enfant prodigue.
5. Les fautes sont personnelles de même que les vertus.
6. Il n'y a point de petit ennemi.
7. Rendez-vous capable de tout, car vous ne savez à quoi Dieu vous destine.
8. Il vaut mieux aller seul que d'être mal accompagné.
9. Cent heures de chagrin ne paient pas un denier de dettes.
10. Dites-moi qui vous fréquentez, et je vous dirai qui vous êtes.
11. Un bienfait reproché n'est compté pour rien.
12. On n'a des yeux que pour les défauts d'autrui, personne ne connaît les siens.
13. Si vous voulez être craint de vos enfants, ne les flattez pas souvent.
14. Trop de familiarité nous fait mépriser.
15. Une douce parole adoucit la colère.
16. On aime la trahison, mais on hait le traître.
17. Ce que trois personnes savent n'est pas un secret.
18. Un bon ami vaut mieux qu'un parent.
19. Les excès de la bonne chère en tuent plus dans un jour que Gallien et Hippocrate n'en ont guéri durant leur vie.
20. Qui n'aime que soi, n'est aimé de personne.
21. Celui-là est riche qui ne désire rien.
22. Une clef d'or ouvre toute sorte de serrures.
23. Qui n'a point de sens à trente ans, n'en aura jamais.

24. Celui qui vous caresse plus qu'à l'ordinaire, veut vous tromper, ou a besoin de vous.

25. Qui ne sait faire ses affaires, sait encore moins faire celles d'autrui.

26. On trouve toujours la moisson de son voisin plus belle que la sienne.

27. Quand on a faim, il n'y a pas de mauvais pain.

28. Ne vous fiez que rarement à un ami avec qui vous êtes réconcilié.

29. Celui qui est du même métier que vous est ordinairement votre ennemi.

30. Parlez peu et bien si vous voulez qu'on vous regarde comme un homme d'esprit.

31. Honneur et profit ne marchent pas toujours ensemble.

32. Celui qui se défait de son bien avant que de mourir, se prépare à bien souffrir.

33. Le moyen de plaire et de réussir dans la conversation, c'est de s'appliquer bien plus à faire paraître l'esprit des autres que le sien.

34. Les esprits de contradiction changent les conversations les plus douces en disputes contentieuses; il est presque impossible de ne les pas choquer, ou de n'en être pas choqué.

35. La conversation doit être aisée et pleine de soutenue; il faut répondre à propos et ne point contredire.

36. La véritable finesse n'est autre chose qu'une prudence bien réglée; elle fait que l'homme est sincère sans être simple, et pénétrant sans être trompeur.

37. On ne saurait conserver l'amitié si l'on ne se pardonne réciproquement plusieurs défauts.

38. Le défaut de respect et d'estime rend l'amitié inconstante et détruit la plus forte et la plus solide.

39. Les princes et les grands seigneurs ne doivent se distinguer du reste des hommes que par le pouvoir qu'ils ont de faire plus de bien qu'eux.

40. Les mariages qui se font par intérêt sont une source de division et de querelles, au lieu d'être un lien d'amitié.

41. Personne ne peut dire : fontaine, je ne boirai de ton eau.

42. Quand Dieu fait du bien à un homme, il y paraît à sa maison,

43. Celui qui quête pour Dieu, quête pour deux.

44. Si tu travailles, Dieu t'aidera, si tu ne fais rien, tu seras misérable,

45. Tant va la cruche à l'eau qu'à la fin elle se casse.

46. Souris qui n'a qu'un trou est bientôt prise.
47. A sotte demande point de réponse.
48. Amitié de gendre et soleil d'hiver ne durent pas.
49. Graissez les bottes d'un vilain, il vous dira qu'on les lui brûle.
50. Chacun pour soi, et Dieu pour tous.

DIALOGUE

ENTRE

UN JEUNE HOMME ET LE BONHOMME RICHAR

OU

RÉCOMPENSE DE LA BONNE CONDUITE

LE JEUNE HOMME.

Veuillez me dire, vénérable vieillard, quelles sont les choses que vous regardez comme le plus utiles à la conservation de la santé. Je vous en croirai, vous, puisque, malgré vos vieux ans, vous paraissez encore jouir de la fraîcheur de la jeunesse; votre teint est clair, votre voix sonore, vos yeux excellents, votre démarche assurée; vos nerfs sont flexibles et vos membres souples et sains. En vérité, c'est une chose fort rare à l'âge où vous êtes.

RICHAR.

Grâce à Dieu, je me sens aussi bien portant que jamais; j'avoue cependant que je suis moins vigoureux qu'autrefois; mais ce n'est pas tant la force et la vigueur qu'on doit attendre des gens de mon âge, que la sagesse et la prudence. Je remercie donc le ciel de ce que avec mes 80 ans, je me vois libre et exempt de cette multitude d'infirmités qui d'ordinaire accablent la vieillesse. Oui, j'en remercie le

ciel, et je m'en fais un sujet de gloire ; car la santé du vieillard est une preuve de
la bonne conduite qu'il a menée dans sa jeunesse.

LE JEUNE HOMME.

Je vous comprends : vous me dites adroitement que, si je veux parvenir à une
heureuse vieillesse, je dois, maintenant que je suis jeune, avoir une conduite sage
et vertueuse.

RICHAR.

Je suis bien aise, mon fils, que vous ayez deviné ma pensée. N'oubliez jamais
que la bonne conduite est la base de la bonne santé. Si pendant votre jeunesse
vous êtes sincèrement vertueux, si vous vivez en bon et véritable chrétien, si
vous résistez à vos passions, et si vous avez soin de tenir toujours votre conscience pure et nette de toute faute grave, vous pouvez être assuré que vous re-
cueillerez dans votre vieillesse les fruits de vos vertus. Je veux dire la santé, sans
parler de l'estime et du respect de tout le monde, sans parler surtout de la tranquillité avec laquelle vous verrez venir la mort, que vous envisagerez comme le
moyen d'arriver à une éternelle récompense.

LE JEUNE HOMME.

Je vous promets de graver dans ma mémoire ces sages conseils, et de les re-
tracer dans toute ma conduite. Ils me rappellent ces paroles que ma tendre mère
me répétait si souvent : *Mon fils, mon fils, la paix de la bonne conscience
contribue beaucoup à la santé du corps.* — Mais que faut-il encore que je fasse
pour me bien porter ?

RICHAR.

Il faut que vous preniez un exercice modéré et agréable. L'exercice conserve la
vie, entretient la chaleur et la vigueur naturelle ; il donne de la souplesse à tous
les membres, et de la force aux muscles et aux nerfs ; il purifie la masse du sang,
et prévient ainsi beaucoup de maladies souvent dangereuses. Il est utile aux
vieillards, il est surtout nécessaire aux jeunes gens. Sans exercice, on devient
malade, languissant ; on végète et on tombe dans une noire mélancolie. Souvenez-
vous de ce que l'histoire nous rapporte de Socrate ; on dit qu'il sautait et qu'il
dansait chez lui pour s'exercer, lorsqu'il ne pouvait le faire autrement. Contractez

donc l'habitude de prendre tous les jours un peu d'exercice ; accoutumez-vous à ne craindre ni le chaud, ni le froid, ni la pluie, ni la neige, ni toutes les intempéries de l'air et des saisons. Quelle honte pour un jeune homme de n'oser faire un pas hors de la maison, parce qu'il tombe un peu de pluie ou de neige, ou bien parce qu'il gèle, ou parce que le soleil est trop ardent! Endurcissez votre corps petit à petit à toutes ces choses, et bientôt, vous vous en saurez bon gré. Quand j'avais votre âge, j'étais extrêmement faible et fluet, je ne sortais presque jamais de la maison, l'hiver à cause du froid, et l'été à cause de la chaleur. Un prêtre, proche parent de ma mère, vint passer alors deux mois avec nous ; il fut touché de mon état de faiblesse et d'inanition. « Flore, dit-il à ma mère, ton fils a une » bien mauvaise santé ; heureusement je sais un remède capable de lui donner des » forces et de lui rendre l'appétit qu'il a perdu. Ce remède n'a rien de dangereux ; » au contraire, il est très agréable ; si tu veux me le permettre, dès demain nous » en ferons usage. » — «Oh ! volontiers, répond vivement ma bonne mère ; mais, » hélas ! je crains bien qu'il soit inutile comme tant d'autres. » — « Sois sans » inquiétude à cet égard ; je suis sûr de celui-ci. Mais, comme il se trouve dans » la campagne, il faudrait que ton fils m'aidât à le chercher. » — « Il sera bien » fatigué, le pauvre enfant ! » — « Fatigué ! non ! non !...... »

Ce cher cousin, pour lequel je conserverai une éternelle reconnaissance, me faisait donc tous les jours chercher ce remède avec lui dans les champs, dans les bois, à travers les broussailles. D'abord nous n'allâmes pas fort loin, parce que je me fatiguais facilement ; mais peu à peu nos promenades devinrent plus longues. Bientôt je fus capable de franchir des fossés, des ruisseaux, de gravir des côtes escarpées, etc., etc... — Et le remède ? — Le remède ! nous le cherchions depuis deux mois et nous ne l'avions pas encore rencontré. Cependant je me portais bien ; j'avais bon appétit ; mes joues étaient redevenues fraîches et vermeilles ; j'étais gai et folâtre, tout autre en un mot......

Tout le monde s'apercevait de cet heureux changement, et en félicitait ma mère, qui ne savait comment en témoigner sa reconnaissance à son parent. Elle s'imaginait qu'il avait trouvé le remède dont il lui avait parlé, et qu'il me l'avait adroitement fait prendre sans que je m'en aperçusse. «Mon cher cousin, lui dit-» elle enfin, ton remède a produit son effet au delà de toutes mes espérances ; il » a rendu la vie à mon pauvre Richar, seras-tu assez bon pour me le faire con-» naître ? »—« Très-volontiers. Ce remède est fort simple, et si ton fils continue » à en faire usage, il jouira toujours d'une excellente santé. » — « Quel est-il

» donc ? » — « C'est l'exercice. Depuis deux mois que, sous prétexte de chercher
» un remède imaginaire, je fais courir cet enfant à travers les bois et les champs,
» vois quel changement s'est opéré en lui. Il était blême, pâle, maigre; aujour-
» d'hui il reprend de l'embonpoint, et ses couleurs lui reviennent. Il était morne,
» triste, silencieux; aujourd'hui il est gai, folâtre, aimable, et paraît toujours
» content. Il était sans appétit, et se sentait presque toujours incommodé par le
» peu de nourriture qu'il prenait; aujourd'hui il mange bien, digère de même,
» et tout lui profite...... » Cependant notre cher cousin fut obligé de nous
quitter pour retourner à ses occupations. Moi, je continuai à prendre tous les
jours un peu d'exercice, et par ce moyen me voilà arrivé à l'âge de 80 ans.

LE JEUNE HOMME.

Je ferai comme vous autant que je le pourrai. Mais vous savez que nous autres, jeunes gens, il ne nous est pas toujours possible de prendre de l'exercice
autant que nous en aurions besoin. Nous ne sommes pas maîtres de nos actions,
et il ne nous est pas souvent libre de sortir quand bon nous semble. Que faire
donc ?

RICHAR.

Rarement il arrive qu'on ne puisse s'adonner à aucun exercice; mais si cela
vous arrivait, il faudrait vous souvenir alors plus que jamais que la sobriété et la
tempérance sont extrêmement utiles pour la conservation de la santé. Ne man-
gez et ne buvez pas, à moins que vous ne sentiez la faim et la soif; autrement
vous vous surchargeriez l'estomac, vous le rendriez incapable de remplir ses
fonctions, et avec le temps, vous le détruiriez. Telle est ma pratique à moi :
quand l'heure du repas est arrivée, et que je suis à table, j'ai soin de consulter
mon appétit et de manger toujours moins que je ne le pourrais faire sans m'incommoder. C'est en agissant constamment de la sorte, et en ne prenant jamais
rien entre mes repas, que je me suis conservé en santé jusqu'à présent; j'en remercie le Seigneur. — Vous devez encore faire une grande attention à deux choses : la première c'est de ne pas rester trop longtemps au lit (sept ou huit heures
de repos suffisent), et de vous lever toujours de bonne heure. La seconde, c'est de
ne point user de liqueurs fines, de vins délicats, de mets trop recherchés, parce
que rien n'est plus préjudiciable à la santé. En un mot, tâchez de connaître la
nourriture et les boissons qui vous deviennent nuisibles, et abstenez-vous-en.

LE JEUNE HOMME.

Ainsi donc, la paix de la bonne conscience, laquelle est le fruit de la bonne conduite et de la vertu, l'exercice, la tempérance et le soin de s'abstenir de toute nourriture et de toutes boissons nuisibles, voilà ce qui conserve la santé.

D. PINART.

FIN

TABLE DES MATIÈRES

—

FIN DE LA TABLE

TARBES. TYPOGRAPHIE PERROT-PRAT.

www.ingramcontent.com/pod-product-compliance
Lightning Source LLC
Chambersburg PA
CBHW070856030726
47504CB00005B/1351